本書をお使

JN015770

本書は，毎回少しずつ継続的（けいぞく）に取り組むことで，
家庭での学習習慣を身につけることを目的とした問題集です。

中学生のみなさんの中には，
「忙（いそが）しくて家でなかなか勉強できていない…」
「学校の授業に思うようについていけない…」
と悩（なや）んでいる方も多いと思います。

その気持ち，とてもよくわかります。
中学校の学習内容は小学校と比べて難しくなりますし，
部活動や学校行事などもあって大変なこともあるでしょう。

しかし，今後に向けて今のうちから学習習慣を身につけておくことは，
成績を伸（の）ばすうえでも，勉強以外の活動を両立するうえでも，
とても重要なことです。

本書は，1回の分量は1ページだけで，各10分ほどで学習可能です。
この本を使って，少しずつ中学校の勉強に慣れていきましょう。

本書が，みなさんの学習に役立ち，
より充実（じゅうじつ）した中学生活の一助となれば幸いです。

数研出版編集部

本書の特長と使い方

●特長

本書は，忙(いそが)しくて時間が取れない人や，勉強が苦手という人でも無理なく学習習慣が身につけられるように工夫されています。

> ・中学2年生で習う英語のうち，必ずおさえておきたい基本問題を扱(あつか)っています。
> ・1回の分量はたった1ページで，10分ほどで取り組める分量になっています。
> ・楽しみながら取り組めるように，なぞときがついています。

●使い方

このような1行問題が，本文中にランダムに出てきます。空欄(くうらん)を埋(う)めていくと，3ページの「なぞときパズル」が完成していって…!?

学習した日付と得点を書き込(こ)みましょう。

このページで学習する問題に取り組みましょう。

ここまでで1回分が終了(しゅうりょう)です。答え合わせをしましょう。

●登場するキャラクター

ぼくたちと一緒(いっしょ)に勉強しよう！
ぼくは，問題のヒントを出してサポートするよ。

数犬チャ太郎(すうけん)(たろう)

なぞときについては，次のページに詳(くわ)しい説明があるよ！

チャッピー

なぞときパズルに挑戦！

STEP1 本文中のどこかに，なぞとき問題が9問あるよ。

その問題を探して，①〜⑨でわかったアルファベットや数字を入れて，次の問題を解こう！

Q1 英単語を書いてみよう。

ウサギ ☐☐☐☐☐☐

☐① はいくつあるかな？⇒ ア 個

Q2 英単語を書いてみよう。

ギター ☐☐☐☐☐☐

☐② 番目の文字は？⇒ イ

Q3 英単語を書いてみよう。

台所 ☐☐☐☐☐☐☐

☐③ 番目の文字は？⇒ ウ

Q4 英単語を書いてみよう。

理科 ☐☐☐☐☐☐☐

☐④ 番目の文字は？⇒ エ

Q5 英単語を書いてみよう。

1月 ☐☐☐☐☐☐☐

☐⑤ 番目の文字は？⇒ オ

Q6 英単語を書いてみよう。

思い出す ☐☐☐☐☐☐☐☐

☐⑥ はいくつあるかな？⇒ カ 個

Q7 英単語を書いてみよう。

100 ☐☐☐☐☐☐☐

☐⑦ 番目の文字は？⇒ キ

Q8 英単語を書いてみよう。

明日 ☐☐☐☐☐☐☐☐

☐⑧ はいくつあるかな？⇒ ク 個

Q9 英単語を書いてみよう。

バレーボール ☐☐☐☐☐☐☐☐☐☐

☐⑨ はいくつあるかな？⇒ ケ 個

> Q5の1文字目は大文字だよ。

STEP2 ☐ の文字や数字を入れて，パスワードを完成させよう！

◆パスワード◆

ア	イ	ウ	エ	オ	カ	キ	ク	ケ

STEP3 右下のQRコードを読みとって，パスワードを入力しよう！

※ QRコードは，株式会社デンソーウェーブの登録商標です。

もくじ

1 第1章 過去の文
規則動詞

点

／10

1 次の日本文に合うように，＿＿に適する語を書きなさい。［ 1 点 × 2 ］

(1) ユミは 5 年前，福岡に住んでいました。

Yumi ＿＿＿＿＿＿＿＿ in Fukuoka five years ＿＿＿＿＿＿＿.

(2) 私は駅の前で立ち止まりました。

I ＿＿＿＿＿＿＿＿ in front of the station.

2 次の英文を過去の文に書きかえるとき，＿＿に適する語を書きなさい。［ 1 点 × 2 ］

(1) We carry many desks to our classroom.

＿＿＿＿＿＿＿＿ ＿＿＿＿＿＿＿＿ many desks to our classroom.

(2) She uses my computer in my room.

＿＿＿＿＿＿＿＿ ＿＿＿＿＿＿＿＿ my computer in my room.

3 次の英文を日本語になおしなさい。［ 1 点 × 2 ］

(1) I talked with my friends after lunch.

＿＿＿＿＿＿＿＿＿＿＿＿＿＿＿＿＿＿＿＿＿＿＿＿＿＿＿＿＿＿＿＿＿＿＿

(2) We waited for our father at the station last night.

＿＿＿＿＿＿＿＿＿＿＿＿＿＿＿＿＿＿＿＿＿＿＿＿＿＿＿＿＿＿＿＿＿＿＿

4 次の日本文に合うように，（　）内の語句を並べかえなさい。［ 1 点 × 2 ］

(1) 私たちはこの前の日曜日，サッカーの試合を楽しみました。

We (Sunday / enjoyed / last / the soccer game).

We ＿＿＿＿＿＿＿＿＿＿＿＿＿＿＿＿＿＿＿＿＿＿＿＿＿＿＿＿＿＿.

(2) 彼らは先月，奈良を訪れました。They (month / visited / last / Nara).

They ＿＿＿＿＿＿＿＿＿＿＿＿＿＿＿＿＿＿＿＿＿＿＿＿＿＿＿＿＿＿.

5 次の日本文を英語になおしなさい。［ 1 点 × 2 ］

(1) 私は先週，一生懸命に働きました。

＿＿＿＿＿＿＿＿＿＿＿＿＿＿＿＿＿＿＿＿＿＿＿＿＿＿＿＿＿＿＿＿＿＿＿

(2) 彼らはこの前の金曜日，庭を掃除しました。

＿＿＿＿＿＿＿＿＿＿＿＿＿＿＿＿＿＿＿＿＿＿＿＿＿＿＿＿＿＿＿＿＿＿＿

今日はここまで！おつかれさま！

解答　別冊1ページ

1 次の日本文に合うように，＿＿に適する語を書きなさい。[1 点× 2]

(1) 私は昨日，市役所であなたのお母さんを見ました。

I ＿＿＿＿＿＿＿＿ your mother in the city hall ＿＿＿＿＿＿＿.

(2) グリーンさんは 2 か月前，日本を離れました。

Mr. Green ＿＿＿＿＿＿＿ Japan two months ＿＿＿＿＿＿＿.

2 次の英文を過去の文に書きかえるとき，＿＿に適する語を書きなさい。[1 点× 2]

(1) Cathy comes to this town.　Cathy ＿＿＿＿＿＿＿ to this town.

(2) He gives a CD to me.　　He ＿＿＿＿＿＿＿ a CD to me.

3 次の英文を日本語になおしなさい。[1 点× 2]

(1) Tom went out yesterday afternoon.

＿＿＿＿＿＿＿＿＿＿＿＿＿＿＿＿＿＿＿＿＿＿＿＿＿＿＿＿＿＿

(2) My mother had a nice bag then.

＿＿＿＿＿＿＿＿＿＿＿＿＿＿＿＿＿＿＿＿＿＿＿＿＿＿＿＿＿＿

4 次の日本文に合うように，（　）内の語句を並べかえなさい。[1 点× 2]

(1) 私は 8 時に風呂に入りました。I (a bath / eight / took / at).

I ＿＿＿＿＿＿＿＿＿＿＿＿＿＿＿＿＿＿＿＿＿＿＿＿＿＿＿.

(2) 彼は昨日，本を買いました。He (bought / yesterday / a book).

He ＿＿＿＿＿＿＿＿＿＿＿＿＿＿＿＿＿＿＿＿＿＿＿＿＿.

5 次の日本文を英語になおしなさい。[1 点× 2]

(1) 彼らは昨年，この家を建てました。

＿＿＿＿＿＿＿＿＿＿＿＿＿＿＿＿＿＿＿＿＿＿＿＿＿＿＿＿＿＿

(2) 彼女はいつも図書館に走って行きました。

＿＿＿＿＿＿＿＿＿＿＿＿＿＿＿＿＿＿＿＿＿＿＿＿＿＿＿＿＿＿

今日はここまで！ おつかれさま！

3 第1章 過去の文
一般動詞の過去の疑問文

点 /10

月　日

解答　別冊1ページ

1 次の英文の答えとして適するものを，ア～エから選びなさい。[1 点× 4]

(1) Did you and Kate come to school by bus? （　　　） ア I used three.

(2) Did you like coffee then? （　　　） イ Yes, we did.

(3) Did your parents play tennis? （　　　） ウ No, they didn't.

(4) How many eggs did you use for breakfast? （　　　） エ Yes, I did.

2 次の対話文がなりたつように，＿＿に適する語を書きなさい。[1 点× 2]

(1) ＿＿＿＿＿＿＿＿ you break my computer this morning?

　　— No, I ＿＿＿＿＿＿＿＿ .

(2) ＿＿＿＿＿＿＿＿ did Ken listen to CDs in your room?

　　— He ＿＿＿＿＿＿＿＿ to them last Saturday.

3 次の日本文に合うように，（　）内の語句を並べかえなさい。[1 点× 2]

(1) あなたは昨日の午後，自分のかばんをなくしましたか。

　　(lose / did / yesterday / your bag / afternoon / you)?

　　＿＿＿＿＿＿＿＿＿＿＿＿＿＿＿＿＿＿＿＿＿＿＿＿＿＿＿＿＿＿＿＿＿

(2) ケンは先週，テニスを一生懸命に練習しましたか。

　　(Ken / week / did / hard / practice / tennis / last)?

　　＿＿＿＿＿＿＿＿＿＿＿＿＿＿＿＿＿＿＿＿＿＿＿＿＿＿＿＿＿＿＿＿＿

4 次の日本文を英語になおしなさい。[1 点× 2]

(1) 彼女は昨日，自分の弟の宿題を手伝いましたか。

　　＿＿＿＿＿＿＿＿＿＿＿＿＿＿＿＿＿＿＿＿＿＿＿＿＿＿＿＿＿＿＿＿＿

(2) あなたはこの前の夏，どこで泳ぎましたか。

　　＿＿＿＿＿＿＿＿＿＿＿＿＿＿＿＿＿＿＿＿＿＿＿＿＿＿＿＿＿＿＿＿＿

今日はここまで！ おつかれさま！

8

解答　別冊2ページ

1 次の日本文に合うように，___に適する語を書きなさい。[1点×2]

(1) ベスは泳ぎませんでした。　　Beth _____ _____ swim.

(2) 私たちは野球をしませんでした。We _____ _____ baseball.

2 次の英文を否定文に書きかえるとき，___に適する語を書きなさい。[1点×2]

(1) I went to bed at eleven last night.

　　I _____ _____ go to bed at eleven last night.

(2) We left home early yesterday.

　　We _____ _____ home early yesterday.

3 次の英文を日本語になおしなさい。[1点×2]

(1) I didn't buy a guitar last month.

　　_____

(2) My father didn't eat breakfast this morning.

　　_____

4 次の日本文に合うように，(　)内の語を並べかえなさい。[1点×2]

(1) ユカは昨日，運転しませんでした。

　　Yuka (yesterday / didn't / drive).

　　Yuka _____.

(2) 彼女はそのとき，私に電話しませんでした。

　　She (didn't / then / me / call).

　　She _____.

5 次の日本文を英語になおしなさい。[2点]

(1) 私たちは京都で写真を1枚もとりませんでした。

　　_____

┌───┐
│ なぞ　次の空欄にあてはまるアルファベットは？
│ とき
│ 　　　2月　　　Fe①ruary　　　▶▶ p.3 の ① にあてはめよう
└───┘

今日はここまで！ おつかれさま！

9

5 第1章 過去の文
be動詞の過去の肯定文

点 / 10

月　日

解答　別冊2ページ

1 次の英文を過去の文に書きかえるとき，＿＿に適する語句を書きなさい。［1点×2］

(1) He's at home. ＿＿＿＿＿＿＿＿＿＿＿＿＿＿＿＿＿＿＿ at home.

(2) They're kind to me. ＿＿＿＿＿＿＿＿＿＿＿＿＿＿＿＿＿ to me.

2 次の日本文に合うように，＿＿に適する語句を書きなさい。［1点×2］

(1) 私は先週，大阪にいました。

　　I ＿＿＿＿＿＿＿＿＿＿＿＿＿＿＿＿＿＿＿＿＿ week.

(2) トムと彼<ruby>彼<rt>かれ</rt></ruby>のお兄さんは昨夜，とてもおなかがすいていました。

　　Tom and his brother ＿＿＿＿＿＿＿＿＿＿＿＿＿＿＿ night.

3 次の日本文に合うように，（　）内の語句を並べかえなさい。［1点×2］

(1) 私のノートは机の上にありました。

　　(were / the desk / my notebooks / on).

　　＿＿＿＿＿＿＿＿＿＿＿＿＿＿＿＿＿＿＿＿＿＿＿＿＿＿

(2) 昨日はくもりでした。

　　(was / it / cloudy) yesterday.

　　＿＿＿＿＿＿＿＿＿＿＿＿＿＿＿＿＿＿＿＿＿ yesterday.

4 次の英文を日本語になおしなさい。［1点×2］

(1) My brother was in his room an hour ago.

　　＿＿＿＿＿＿＿＿＿＿＿＿＿＿＿＿＿＿＿＿＿＿＿＿＿＿

(2) It was very cold in our town.

　　＿＿＿＿＿＿＿＿＿＿＿＿＿＿＿＿＿＿＿＿＿＿＿＿＿＿

5 次の日本文を英語になおしなさい。［1点×2］

(1) その本は私にはおもしろかったです。

　　＿＿＿＿＿＿＿＿＿＿＿＿＿＿＿＿＿＿＿＿＿＿＿＿＿＿

(2) 私の両親は先月，忙<ruby>忙<rt>いそが</rt></ruby>しかったです。

　　＿＿＿＿＿＿＿＿＿＿＿＿＿＿＿＿＿＿＿＿＿＿＿＿＿＿

今日はここまで！ おつかれさま！

解答　別冊2ページ

1 次の英文の答えとして適するものを，ア～エから選びなさい。[1点×4]

(1) Were the boys happy then?　（　　）　ア　No, he wasn't.

(2) Was your brother in Chiba last week?　（　　）　イ　Mike was.

(3) Were you and your mother tired?　（　　）　ウ　Yes, we were.

(4) Who was sick in your class?　（　　）　エ　Yes, they were.

2 次の対話文がなりたつように，＿＿に適する語を書きなさい。[1点×2]

(1) ＿＿＿＿＿＿ Tom a soccer fan at that time?

　— No, ＿＿＿＿＿＿ ＿＿＿＿＿＿.

(2) ＿＿＿＿＿＿ was his car yesterday?

　— ＿＿＿＿＿＿ ＿＿＿＿＿＿ in front of the office.

3 次の英文を日本語になおしなさい。[1点×2]

(1) Was Tom's mother sick last week?

＿＿＿＿＿＿＿＿＿＿＿＿＿＿＿＿＿＿＿＿＿＿＿＿＿

(2) When were his parents in Kobe?

＿＿＿＿＿＿＿＿＿＿＿＿＿＿＿＿＿＿＿＿＿＿＿＿＿

4 次の日本文を英語になおしなさい。[1点×2]

(1) 彼らは昨日，図書館にいましたか。

＿＿＿＿＿＿＿＿＿＿＿＿＿＿＿＿＿＿＿＿＿＿＿＿＿

(2) ケイト(Kate)はそのとき，どこにいましたか。

＿＿＿＿＿＿＿＿＿＿＿＿＿＿＿＿＿＿＿＿＿＿＿＿＿

「どこに」を表す疑問詞は何だったかな？

今日はここまで！おつかれさま！

11

第 1 章　過去の文
be動詞の過去の否定文

点

/10

解答　別冊 3 ページ

1 次の英文を否定文に書きかえるとき，＿＿に適する語を書きなさい。[1 点 × 2]

(1) She was 150 centimeters tall last year.

　　She ＿＿＿＿＿＿＿ ＿＿＿＿＿＿＿ 150 centimeters tall last year.

(2) We were on our way home then.

　　＿＿＿＿＿＿＿ ＿＿＿＿＿＿＿ on our way home then.

2 次の日本文に合うように，＿＿に適する語を書きなさい。[1 点 × 2]

(1) 私は今朝，眠くありませんでした。

　　I ＿＿＿＿＿＿＿ ＿＿＿＿＿＿＿ this morning.

(2) ジムは昨夜，具合が悪くありませんでした。

　　Jim ＿＿＿＿＿＿＿ ＿＿＿＿＿＿＿ last night.

3 次の( )内の語を正しく並べかえなさい。[1 点 × 2]

(1) My uncle (week / in / wasn't / last / Sapporo).

　　My uncle ＿＿＿＿＿＿＿＿＿＿＿＿＿＿＿＿＿＿＿＿＿＿＿＿.

(2) (happy / days / weren't / they / three) ago.

　　＿＿＿＿＿＿＿＿＿＿＿＿＿＿＿＿＿＿＿＿＿＿ ago.

4 次の英文を日本語になおしなさい。[1 点 × 2]

(1) I wasn't free yesterday afternoon.

　　＿＿＿＿＿＿＿＿＿＿＿＿＿＿＿＿＿＿＿＿＿＿＿＿＿＿＿＿＿

(2) Mr. Green and his son weren't at the station then.

　　＿＿＿＿＿＿＿＿＿＿＿＿＿＿＿＿＿＿＿＿＿＿＿＿＿＿＿＿＿

5 次の日本文を英語になおしなさい。[1 点 × 2]

(1) 彼はそのとき，教室にいませんでした。

　　＿＿＿＿＿＿＿＿＿＿＿＿＿＿＿＿＿＿＿＿＿＿＿＿＿＿＿＿＿

(2) 私たちは昨日，疲れていませんでした。

　　＿＿＿＿＿＿＿＿＿＿＿＿＿＿＿＿＿＿＿＿＿＿＿＿＿＿＿＿＿

今日はここまで！ おつかれさま！

解答　別冊3ページ

1 次の日本文に合うように，___に適する語を書きなさい。[1点×4]

(1) タカハシさんはテレビを見ていました。

Mr. Takahashi ＿＿＿＿＿＿ ＿＿＿＿＿＿ TV.

(2) ユキは英語を話していました。

Yuki ＿＿＿＿＿＿ ＿＿＿＿＿＿ English.

(3) 彼(かれ)らはタケさんと話していました。

They ＿＿＿＿＿＿ ＿＿＿＿＿＿ with Mr. Take.

(4) 私たちはニューヨークに住んでいました。

＿＿＿＿＿＿ ＿＿＿＿＿＿ in New York.

> live, like, wantなど進行形にしない動詞もあったね。

2 次の英文を過去進行形の文に書きかえるとき，___に適する語を書きなさい。

(1) We helped the man in the yard.　[1点×2]

We ＿＿＿＿＿＿ ＿＿＿＿＿＿ the man in the yard.

(2) My sister cleaned her room.

My sister ＿＿＿＿＿＿ ＿＿＿＿＿＿ her room.

3 次の英文を日本語になおしなさい。[2点]

(1) My parents were enjoying the concert at that time.

＿＿＿＿＿＿＿＿＿＿＿＿＿＿＿＿＿＿＿＿

4 次の日本文を英語になおしなさい。[1点×2]

(1) 私たちはケイト(Kate)のかさを探していました。

＿＿＿＿＿＿＿＿＿＿＿＿＿＿＿＿＿＿＿＿

(2) 私は台所で食器を洗っていました。

＿＿＿＿＿＿＿＿＿＿＿＿＿＿＿＿＿＿＿＿

お　み　ご　と

なぞとき　計算した答えを数字で書こう！
four − one ＝ ②　　▶▶ p.3の②にあてはめよう

今日はここまで！おつかれさま！

点
/10

解答　別冊3ページ

1 次の英文の答えとして適するものを，ア〜エから選びなさい。［1点×4］

(1) Where was Jack painting a picture? （　　）

(2) Was he carrying those chairs? （　　）

(3) What were you baking in the kitchen? （　　）

(4) Were you doing your homework? （　　）

ア　No, I wasn't.

イ　I was baking a cake.

ウ　Near the lake.

エ　Yes, he was.

2 次の対話文がなりたつように，＿＿に適する語を書きなさい。［1点×2］

(1) ＿＿＿＿＿＿＿ was your brother looking for?

— ＿＿＿＿＿＿＿ ＿＿＿＿＿＿＿ looking for his cap.

(2) ＿＿＿＿＿＿＿ they talking about volleyball last night?

— Yes, ＿＿＿＿＿＿＿ ＿＿＿＿＿＿＿.

3 次の英文を（　）内の指示にしたがって書きかえなさい。［1点×2］

(1) Mike was running alone near his house. （疑問文に）

＿＿＿＿＿＿＿＿＿＿＿＿＿＿＿＿＿＿＿＿＿＿＿＿＿＿＿＿＿＿＿

(2) John was walking around the park. （下線部をたずねる疑問文に）

＿＿＿＿＿＿＿＿＿＿＿＿＿＿＿＿＿＿＿＿＿＿＿＿＿＿＿＿＿＿＿

4 次の日本文を英語になおしなさい。［1点×2］

(1) あなたのお父さんはそのときサンドイッチを作っていましたか。

＿＿＿＿＿＿＿＿＿＿＿＿＿＿＿＿＿＿＿＿＿＿＿＿＿＿＿＿＿＿＿

(2) あなたはそのとき，何を書いていましたか。

＿＿＿＿＿＿＿＿＿＿＿＿＿＿＿＿＿＿＿＿＿＿＿＿＿＿＿＿＿＿＿

今日はここまで！おつかれさま！

10 第1章 過去の文
過去進行形の否定文

月 日

点 /10

解答 別冊4ページ

1 次の英文を否定文に書きかえるとき，___に適する語を書きなさい。[1点×2]

(1) I was having dinner.　_____ _____ having dinner.

(2) The boys were crying.　The boys _____ _____ .

2 次の日本文に合うように，___に適する語を書きなさい。[1点×2]

(1) 私たちはそのとき，湖で泳いでいませんでした。

We _____ _____ _____ in the lake then.

(2) メアリーは写真をとっていませんでした。

Mary _____ _____ _____ pictures.

3 次の( )内の語句を正しく並べかえなさい。[1点×2]

(1) John (was / the chair / not / on / sitting) at that time.

John _____ at that time.

(2) (watching / my brother / TV / weren't / and I) last night.

_____ last night.

4 次の英文を日本語になおしなさい。[1点×2]

(1) My parents were not drinking coffee at seven this morning.

_____

(2) She wasn't walking on the street then.

_____

5 次の日本文を英語になおしなさい。[1点×2]

(1) 私の妹は自分の部屋を掃除していませんでした。

_____

(2) 彼らはこれらのコンピュータを使っていませんでした。

_____

今日はここまで！ おつかれさま！

15

点

／10

解答　別冊4ページ

1 次の英文の(　)内から適する語を選び，○で囲みなさい。［1点×2］

(1) I (am, are, is) going to play soccer tomorrow.

(2) She is going to (study, studies, studying) after dinner.

2 次の日本文に合うように，＿＿に適する語を書きなさい。［1点×2］

(1) グリーンさんはあとで，ここに来るつもりです。

Mr. Green ＿＿＿＿＿＿ going to ＿＿＿＿＿＿ here later.

(2) 私は質問するつもりです。

＿＿＿＿＿＿ ＿＿＿＿＿＿ to ask a question.

3 次の英文を be going to 〜を使って未来の文に書きかえるとき，＿＿に適する語を書きなさい。［1点×2］

(1) We have breakfast at seven.

We ＿＿＿＿＿＿ ＿＿＿＿＿＿ to have breakfast at seven.

(2) I visit Hokkaido.

I ＿＿＿＿＿＿ going ＿＿＿＿＿＿ visit Hokkaido.

4 次の日本文に合うように，(　)内の語を並べかえなさい。［2点×2］

(1) 私は明日，アイを手伝うつもりです。

(help / I'm / to / Ai / going) tomorrow.

＿＿＿＿＿＿＿＿＿＿＿＿＿＿＿＿＿＿＿＿＿＿＿ tomorrow.

(2) トムは来週，釣りをするつもりです。

Tom (to / is / week / fish / next / going).

Tom ＿＿＿＿＿＿＿＿＿＿＿＿＿＿＿＿＿＿＿＿＿＿＿ .

be動詞は主語に合わせて使い分けるよ。短縮形にも注意しよう！

今日はここまで！おつかれさま！

解答　別冊 4 ページ

1 次の日本文に合うように，be going to 〜を使って＿＿に適する語句を書きなさい。

(1) 私は来週，リサ(Lisa)に会うつもりです。　　　　　　　　　　　　　［1点×2］

I ＿＿＿＿＿＿＿＿＿＿＿＿＿＿＿＿＿＿＿＿＿＿＿＿＿ week.

(2) 私の友達は明日，公園まで走るつもりです。

My friend ＿＿＿＿＿＿＿＿＿＿＿＿＿＿＿＿＿＿＿ tomorrow.

2 次の英文を（　）内の指示にしたがって書きかえなさい。［1点×2］

(1) She teaches science at this school.（be going to を使って未来の文に）

＿＿＿＿＿＿＿＿＿＿＿＿＿＿＿＿＿＿＿＿＿＿＿＿＿＿＿

(2) I'm going to study hard tomorrow.（主語を They に）

＿＿＿＿＿＿＿＿＿＿＿＿＿＿＿＿＿＿＿＿＿＿＿＿＿＿＿

3 次の英文を日本語になおしなさい。［1点×2］

(1) We're going to stay here for one week.

＿＿＿＿＿＿＿＿＿＿＿＿＿＿＿＿＿＿＿＿＿＿＿＿＿＿＿

(2) She's going to buy some CDs next Sunday.

＿＿＿＿＿＿＿＿＿＿＿＿＿＿＿＿＿＿＿＿＿＿＿＿＿＿＿

4 次の日本文を be going to 〜を使って，英語になおしなさい。［2点×2］

(1) 彼(かれ)は将来，ニューヨークで働くつもりです。

＿＿＿＿＿＿＿＿＿＿＿＿＿＿＿＿＿＿＿＿＿＿＿＿＿＿＿

(2) 私は今日の午後，父のコンピュータを使うつもりです。

＿＿＿＿＿＿＿＿＿＿＿＿＿＿＿＿＿＿＿＿＿＿＿＿＿＿＿

今日はここまで！ おつかれさま！

13

第2章　未来の文
be going to ～の疑問文

月　日　／10

解答　別冊5ページ

1 次の日本文に合うように，＿＿に適する語を書きなさい。［1点×2］

(1) あなたはトムに手紙を書くつもりですか。— はい，書くつもりです。

＿＿＿＿＿ you ＿＿＿＿＿ to write a letter to Tom?

— Yes, ＿＿＿＿＿ ＿＿＿＿＿.

(2) タクヤは明日，私たちを訪ねるつもりですか。

＿＿＿＿＿ Takuya going ＿＿＿＿＿ visit us tomorrow?

2 次の英文を（ ）内の指示にしたがって書きかえるとき，＿＿に適する語を書きなさい。

(1) She's going to take a bath before dinner.（疑問文に）　［1点×2］

＿＿＿＿＿ ＿＿＿＿＿ going to take a bath before dinner?

(2) （(1)にYesで答えて）— Yes, ＿＿＿＿＿ ＿＿＿＿＿.

3 次の対話文がなりたつように，＿＿に適する語を書きなさい。［1点×2］

(1) ＿＿＿＿＿ you going ＿＿＿＿＿ travel around Japan?

— Yes, I ＿＿＿＿＿.

(2) ＿＿＿＿＿ Ann's mother going to use this cup?

— No, ＿＿＿＿＿ ＿＿＿＿＿.

4 次の日本文に合うように，（ ）内の語句を並べかえなさい。［1点×2］

(1) ジムは先生になるつもりですか。(Jim / be / is / going / a teacher / to)?

(2) あなたはこの手紙を読むつもりですか。

(you / to / read / are / this letter / going)?

5 次の日本文を，be going to ～を使って英語になおしなさい。［1点×2］

(1) あなたのおばさんは来週，日本を離れるつもりですか。

(2) あなたは明日の朝，6時に起きるつもりですか。

今日はここまで！ おつかれさま！

18

解答　別冊5ページ

1 次の日本文に合うように，＿＿に適する語を書きなさい。[1点×2]

(1) 私は留学するつもりはありません。

I'm ＿＿＿＿＿＿ ＿＿＿＿＿＿ to ＿＿＿＿＿＿ abroad.

(2) 彼は来月，京都を訪れるつもりはありません。

He ＿＿＿＿＿＿ ＿＿＿＿＿＿ to ＿＿＿＿＿＿ Kyoto next month.

2 次の英文を否定文に書きかえるとき，＿＿に適する語を書きなさい。[1点×2]

(1) They're going to cook lunch tomorrow.

They ＿＿＿＿＿＿ ＿＿＿＿＿＿ to cook lunch tomorrow.

(2) I'm going to clean my room next Sunday.

＿＿＿＿＿＿ ＿＿＿＿＿＿ going to clean my room next Sunday.

3 次の英文を日本語になおしなさい。[1点×2]

(1) Beth isn't going to join the soccer team.

＿＿＿＿＿＿＿＿＿＿＿＿＿＿＿＿＿＿＿＿＿＿＿＿＿＿

(2) We're not going to practice baseball after school.

＿＿＿＿＿＿＿＿＿＿＿＿＿＿＿＿＿＿＿＿＿＿＿＿＿＿

4 次の日本文に合うように，（　）内の語句を並べかえなさい。[1点×2]

(1) 私はこの本を読むつもりはありません。

(not / to / read / I'm / this book / going).

＿＿＿＿＿＿＿＿＿＿＿＿＿＿＿＿＿＿＿＿＿＿＿＿＿＿

(2) 彼女は来年，日本に滞在するつもりはありません。

(in / not / stay / Japan / to / she's / going) next year.

＿＿＿＿＿＿＿＿＿＿＿＿＿＿＿＿＿＿＿＿＿＿ next year.

5 次の日本文を，be going to ～を使って英語になおしなさい。[1点×2]

(1) 彼らは将来，オーストラリアに住むつもりはありません。

＿＿＿＿＿＿＿＿＿＿＿＿＿＿＿＿＿＿＿＿＿＿＿＿＿＿

(2) 私は明日，音楽を聞くつもりはありません。

＿＿＿＿＿＿＿＿＿＿＿＿＿＿＿＿＿＿＿＿＿＿＿＿＿＿

今日はここまで！ おつかれさま！

点

月　日

/10

解答　別冊5ページ

1 次の英文の（　）内から適する語を選び，○で囲みなさい。[1点×2]

(1) He will (come, comes, coming) here before two.

(2) I will (am, was, be) busy tomorrow.

2 次の日本文に合うように，＿＿に適する語を書きなさい。[1点×2]

(1) 私は今度の日曜日に，CDを買うつもりです。

I ＿＿＿＿＿＿＿ ＿＿＿＿＿＿＿ a CD ＿＿＿＿＿＿＿ Sunday.

(2) 来週は寒いでしょう。

It ＿＿＿＿＿＿＿ ＿＿＿＿＿＿＿ cold ＿＿＿＿＿＿＿ week.

3 次の英文を未来の文に書きかえるとき，＿＿に適する語を書きなさい。[1点×2]

(1) We enjoy the soccer game.

We ＿＿＿＿＿＿＿ ＿＿＿＿＿＿＿ the soccer game.

(2) I visit Canada.

I ＿＿＿＿＿＿＿ ＿＿＿＿＿＿＿ Canada.

4 次の日本文に合うように，（　）内の語句を並べかえなさい。[2点×2]

(1) 私は明日，ひまでしょう。(will / free / I / be) tomorrow.

＿＿＿＿＿＿＿＿＿＿＿＿＿＿＿＿＿＿＿＿＿＿＿ tomorrow.

(2) ケイトはあさって，おじさんとテニスをするでしょう。

Kate (her uncle / after / play tennis / the day / will / with / tomorrow).

Kate ＿＿＿＿＿＿＿＿＿＿＿＿＿＿＿＿＿＿＿＿＿＿＿.

今日はここまで！ おつかれさま！

16 第2章 未来の文
will の肯定文②

月　日

点 /10

解答　別冊5ページ

1 次の日本文に合うように，will を使って___に適する語句を書きなさい。[1点×2]

(1) 彼らは今夜，夕食後に出かけるでしょう。

They ＿＿＿＿＿＿＿＿＿＿＿＿＿＿＿＿＿＿＿＿ tonight.

(2) 私の祖母はバスで動物園に行くでしょう。

My grandmother ＿＿＿＿＿＿＿＿＿＿＿＿＿＿＿＿ bus.

2 次の英文を（　）内の指示にしたがって書きかえなさい。[1点×2]

(1) Mary makes a cake for us.（will を使って未来の文に）

＿＿＿＿＿＿＿＿＿＿＿＿＿＿＿＿＿＿＿＿＿＿＿＿＿＿

(2) I'll help Mr. Sano after school.（主語を They に）

＿＿＿＿＿＿＿＿＿＿＿＿＿＿＿＿＿＿＿＿＿＿＿＿＿＿

3 次の英文を日本語になおしなさい。[1点×2]

(1) He'll walk to school tomorrow.

＿＿＿＿＿＿＿＿＿＿＿＿＿＿＿＿＿＿＿＿＿＿＿＿＿＿

(2) They'll watch TV after dinner tonight.

＿＿＿＿＿＿＿＿＿＿＿＿＿＿＿＿＿＿＿＿＿＿＿＿＿＿

4 次の日本文を，will を使って英語になおしなさい。[2点×2]

(1) 彼は将来，よいサッカー選手になるでしょう。

＿＿＿＿＿＿＿＿＿＿＿＿＿＿＿＿＿＿＿＿＿＿＿＿＿＿

(2) 私は一生懸命にギターを練習するつもりです。

＿＿＿＿＿＿＿＿＿＿＿＿＿＿＿＿＿＿＿＿＿＿＿＿＿＿

な ぞ と き

計算した答えを数字で書こう！

two + three ＝ ③

▶▶ p.3 の ③ にあてはめよう

今日はここまで！おつかれさま！

21

解答　別冊6ページ

1 次の日本文に合うように，＿＿に適する語を書きなさい。[1点×2]

(1) 次の日曜日は晴れるでしょうか。 ― はい，晴れるでしょう。

＿＿＿＿＿＿ it ＿＿＿＿＿＿ sunny ＿＿＿＿＿＿ Sunday?

― Yes, ＿＿＿＿＿＿ ＿＿＿＿＿＿.

(2) トムは今日の午後，この部屋を掃除（そうじ）するでしょうか。

＿＿＿＿＿＿ Tom ＿＿＿＿＿＿ this room this afternoon?

2 次の英文を（ ）内の指示にしたがって書きかえるとき，＿＿に適する語を書きなさい。

(1) She'll be a good singer. （疑問文に）　　　　　　　　　　　　　　　　[1点×2]

＿＿＿＿＿＿ ＿＿＿＿＿＿ be a good singer?

(2) （(1)に Yes で答えて）

Yes, ＿＿＿＿＿＿ ＿＿＿＿＿＿.

3 次の対話文がなりたつように，＿＿に適する語を書きなさい。[1点×2]

(1) ＿＿＿＿＿＿ your mother come home at ten tomorrow?

― Yes, ＿＿＿＿＿＿ will.

(2) Will Ann and Jane go to bed early tonight?

― No, ＿＿＿＿＿＿ ＿＿＿＿＿＿.

4 次の日本文に合うように，（ ）内の語を並べかえなさい。[1点×2]

(1) ジムは明日，学校に行くでしょうか。

(to / will / school / Jim / tomorrow / go)?

＿＿＿＿＿＿＿＿＿＿＿＿＿＿＿＿＿＿＿＿＿＿＿＿＿＿＿＿＿＿

(2) あなたはこの本を読むつもりですか。(you / book / will / read / this)?

＿＿＿＿＿＿＿＿＿＿＿＿＿＿＿＿＿＿＿＿＿＿＿＿＿＿＿＿＿＿

5 次の日本文を，will を使って英語になおしなさい。[1点×2]

(1) アキラは今度の5月，この町を訪（おとず）れるでしょうか。

＿＿＿＿＿＿＿＿＿＿＿＿＿＿＿＿＿＿＿＿＿＿＿＿＿＿＿＿＿＿

(2) あなたは来週，17歳（さい）になりますか。

＿＿＿＿＿＿＿＿＿＿＿＿＿＿＿＿＿＿＿＿＿＿＿＿＿＿＿＿＿＿

今日はここまで！ おつかれさま！

1 次の日本文に合うように，＿＿に適する語を書きなさい。［1点×2］

(1) 私は明日，私のイヌを散歩させないでしょう。

＿＿＿＿＿＿＿＿ ＿＿＿＿＿＿＿＿ walk my dog tomorrow.

(2) 私の両親はすぐには戻ってこないでしょう。

My parents ＿＿＿＿＿＿＿ ＿＿＿＿＿＿＿ back soon.

2 次の英文を否定文に書きかえるとき，＿＿に適する語を書きなさい。［1点×2］

(1) We'll visit Kyoto next month.

We ＿＿＿＿＿＿＿ ＿＿＿＿＿＿＿ Kyoto next month.

(2) Jean will enjoy the party with her friends.

Jean ＿＿＿＿＿＿＿ ＿＿＿＿＿＿＿ the party with her friends.

3 次の英文を日本語になおしなさい。［1点×2］

(1) Mr. Tanaka won't give a racket to me.

＿＿＿＿＿＿＿＿＿＿＿＿＿＿＿＿＿＿＿＿＿＿＿＿＿＿

(2) You will not like the new movie.

＿＿＿＿＿＿＿＿＿＿＿＿＿＿＿＿＿＿＿＿＿＿＿＿＿＿

4 次の日本文に合うように，（　）内の語句を並べかえなさい。［1点×2］

(1) 私は来月，大阪にはいないでしょう。

(in / I'll / Osaka / be / next / not) month.

＿＿＿＿＿＿＿＿＿＿＿＿＿＿＿＿＿＿＿＿＿＿ month.

(2) 彼女は今度の日曜日，コンサートに行かないでしょう。

(the concert / next / won't / to / she / go) Sunday.

＿＿＿＿＿＿＿＿＿＿＿＿＿＿＿＿＿＿＿＿＿ Sunday.

5 次の日本文を，will を使って英語になおしなさい。［1点×2］

(1) 彼らはこの部屋を使わないでしょう。

＿＿＿＿＿＿＿＿＿＿＿＿＿＿＿＿＿＿＿＿＿＿＿＿＿＿

(2) 私は明日，おばに電話しないでしょう。

＿＿＿＿＿＿＿＿＿＿＿＿＿＿＿＿＿＿＿＿＿＿＿＿＿＿

今日はここまで！ おつかれさま！

1 次の日本文に合うように，___に適する語を書きなさい。[1 点× 2]

(1) このコンピュータを使ってもいいですか。

_____ I _____ this computer?

(2) 私たちは上手にバスケットボールをすることができます。

We _____ _____ basketball well.

2 次の英文を（ ）内の指示にしたがって書きかえるとき，___に適する語を書きなさい。

(1) That girl is Jane.（「〜かもしれない」という文に）　　　　　　　　　　[1 点× 2]

That girl _____ _____ Jane.

(2) You open the window.（「〜してくれませんか」という文に）

_____ you _____ the window?

3 次の対話文がなりたつように，___に適する語を書きなさい。[1 点× 2]

(1) _____ I talk to you now?

— I'm _____ , I'm very busy now.

(2) _____ _____ speak Chinese?

— Miki can.

4 次の日本文に合うように，（ ）内の語を並べかえなさい。[2 点× 2]

(1) ここで何枚か写真をとってもいいですか。

(pictures / I / can / some / take) here?

_____ here?

(2) 明日の朝，雨が降るかもしれません。

(rain / tomorrow / it / may) morning.

_____ morning.

may には「〜するかもしれない」という意味もあるよ。

今日はここまで！ おつかれさま！

24

解答　別冊7ページ

1 次の日本文に合うように，___に適する語を書きなさい。[1点×2]

(1) 私は明日，5時に起きなければなりません。

I _____ _____ up at five tomorrow.

(2) あの自転車はケンのものにちがいありません。

That bike _____ _____ Ken's.

2 次の英文を「～しなければならない」という文に書きかえるとき，___に適する語を書きなさい。[2点]

(1) Nancy comes here at two.

Nancy _____ _____ here at two.

3 次の英文を日本語になおしなさい。[1点×2]

(1) He must answer this question.

_____

(2) When must Tom clean his room?

_____

4 次の日本文に合うように，(　)内の語句を並べかえなさい。[1点×2]

(1) 私たちは今日，仕事を終えなければなりません。

(must / we / our work / finish) today.

_____ today.

(2) トムは歩いて学校に行かなければなりませんか。

(to / Tom / school / walk / must)?

_____

5 次の日本文を，mustを使って英語になおしなさい。[1点×2]

(1) 彼らは毎日，公園で走らなければなりません。

_____

(2) あの男性はベス(Beth)のお父さんにちがいありません。

_____

今日はここまで！おつかれさま！

25

解答　別冊7ページ

1 次の日本文に合うように，＿＿に適する語を書きなさい。[1 点 × 2]

(1) あなたはこれらの本を読んではいけません。

You ＿＿＿＿＿＿ ＿＿＿＿＿＿ read these books.

(2) あなたは今日，マンガを読んではいけません。

You ＿＿＿＿＿＿ ＿＿＿＿＿＿ comics today.

2 次の英文を否定文に書きかえるとき，＿＿に適する語を書きなさい。[1 点 × 2]

(1) Jane must go out tomorrow.

Jane ＿＿＿＿＿＿ ＿＿＿＿＿＿ go out tomorrow.

(2) You must carry these boxes to his room.

You ＿＿＿＿＿＿ ＿＿＿＿＿＿ these boxes to his room.

3 次の日本文に合うように，（ ）内の語句を並べかえなさい。[1 点 × 2]

(1) 教室で走ってはいけません。You (not / the classroom / run / in / must).

You ＿＿＿＿＿＿＿＿＿＿＿＿＿＿＿＿＿＿＿＿＿＿＿＿＿.

(2) あなたは私のコンピュータを使ってはいけません。

(use / you / my computer / mustn't).

＿＿＿＿＿＿＿＿＿＿＿＿＿＿＿＿＿＿＿＿＿＿＿＿＿＿

4 次の各組の英文がほぼ同じ内容になるように，＿＿に適する語を書きなさい。

(1) Don't speak Japanese in the English club.　　　　　　[1 点 × 2]

You ＿＿＿＿＿＿ ＿＿＿＿＿＿ speak Japanese in the English club.

(2) You mustn't play the guitar at night.

＿＿＿＿＿＿ ＿＿＿＿＿＿ the guitar at night.

5 次の日本文を，must を使って英語になおしなさい。[1 点 × 2]

(1) この川で泳いではいけません。

＿＿＿＿＿＿＿＿＿＿＿＿＿＿＿＿＿＿＿＿＿＿＿＿＿＿

(2) あなたのお父さんは今日，車を運転してはいけません。

＿＿＿＿＿＿＿＿＿＿＿＿＿＿＿＿＿＿＿＿＿＿＿＿＿＿

今日はここまで！ おつかれさま！

22 第3章 助動詞
have to

月　日

点　/10

解答　別冊7ページ

1 次の日本文に合うように，＿に適する語を書きなさい。[1点× 4]

(1) 私たちはここで先生を待たなければなりません。

We ＿＿＿＿＿ to ＿＿＿＿＿ for our teacher here.

(2) 彼は8時前に風呂に入らなければなりません。

He ＿＿＿＿＿ ＿＿＿＿＿ take a bath before eight.

(3) マイクは夕食後，出かけなければなりませんでした。

Mike ＿＿＿＿＿ ＿＿＿＿＿ go out after dinner.

(4) あなたたちは教室を掃除しなければなりませんか。

＿＿＿＿＿ you ＿＿＿＿＿ to clean your classroom?

2 次の英文を「〜しなければならない」という文に書きかえるとき，＿に適する語を書きなさい。[2点]

(1) Yumi says that to her mother.

Yumi ＿＿＿＿＿ to ＿＿＿＿＿ that to her mother.

3 次の各組の英文がほぼ同じ内容になるように，＿に適する語を書きなさい。

(1) You must go to the hospital at once. [1点× 2]

You ＿＿＿＿＿ ＿＿＿＿＿ go to the hospital at once.

(2) Does she have to go to bed early?

＿＿＿＿＿ ＿＿＿＿＿ go to bed early?

4 （ ）内の語を使って，次の日本文を英語になおしなさい。[1点× 2]

(1) 私は今，宿題をしなければなりませんか。（ have ）

＿＿＿＿＿＿＿＿＿＿＿＿＿＿＿＿＿＿＿＿＿

(2) 彼女は皿を洗わなければなりません。（ to ）

＿＿＿＿＿＿＿＿＿＿＿＿＿＿＿＿＿＿＿＿＿

主語が三人称単数のとき，have to は has to になるよ。

今日はここまで！ おつかれさま！

27

解答　別冊8ページ

1 次の英文を否定文に書きかえるとき，＿＿に適する語を書きなさい。［1点×2］

(1) You have to study after dinner.

You ＿＿＿＿＿＿ ＿＿＿＿＿＿ to study after dinner.

(2) My mother has to get up early.

My mother ＿＿＿＿＿＿ have ＿＿＿＿＿＿ get up early.

2 次の日本文に合うように，＿＿に適する語を書きなさい。［1点×2］

(1) 私はこの本を読む必要はありません。（have を使って）

I ＿＿＿＿＿＿ ＿＿＿＿＿＿ ＿＿＿＿＿＿ read this book.

(2) 彼は今日，ここに来る必要はありません。（have を使って）

He ＿＿＿＿＿＿ ＿＿＿＿＿＿ ＿＿＿＿＿＿ come here today.

3 次の対話文がなりたつように，＿＿に適する語を書きなさい。［1点×2］

(1) Does Jane have ＿＿＿＿＿＿ arrive at the station at ten?

— No, she ＿＿＿＿＿＿ ＿＿＿＿＿＿ to.

(2) Must I call you this afternoon?

— No, ＿＿＿＿＿＿ don't ＿＿＿＿＿＿ to.

4 次の日本文に合うように，（　）内の語句を並べかえなさい。［1点×2］

(1) 彼らは放課後，体育館に行く必要はありません。

They (have / the gym / to / don't / school / go / after / to).

They ＿＿＿＿＿＿＿＿＿＿＿＿＿＿＿＿＿＿＿＿＿.

(2) ベスはパーティーで，写真をとる必要はありませんでした。

Beth (take / didn't / the party / to / pictures / at / have).

Beth ＿＿＿＿＿＿＿＿＿＿＿＿＿＿＿＿＿＿＿＿＿.

5 次の日本文を，have を使って英語になおしなさい。［1点×2］

(1) トム（Tom）はギターを練習する必要はありません。

＿＿＿＿＿＿＿＿＿＿＿＿＿＿＿＿＿＿＿＿＿＿＿

(2) あなたは野球について話す必要はありません。

＿＿＿＿＿＿＿＿＿＿＿＿＿＿＿＿＿＿＿＿＿＿＿

今日はここまで！ おつかれさま！

24 第3章 助動詞
should

月　日

解答　別冊 8 ページ

1 次の日本文に合うように，＿＿に適する語を書きなさい。[1 点 × 2]

(1) 私たちは毎日，朝食を食べるべきです。

We ＿＿＿＿＿＿＿＿ ＿＿＿＿＿＿＿＿ breakfast every day.

(2) あなたは彼女(かのじょ)に手紙を書くべきです。

You ＿＿＿＿＿＿＿＿ ＿＿＿＿＿＿＿＿ a letter to her.

2 次の英文を（　）内の指示にしたがって書きかえるとき，＿＿に適する語を書きなさい。

(1) You study tonight. (「～するべきです」という文に) [1 点 × 2]

You ＿＿＿＿＿＿＿＿ ＿＿＿＿＿＿＿＿ tonight.

(2) He leaves home late. (「～するべきではありません」という文に)

He ＿＿＿＿＿＿＿＿ ＿＿＿＿＿＿＿＿ home late.

3 次の日本文に合うように，（　）内の語句を並べかえなさい。[1 点 × 2]

(1) あなたは弟さんを手伝うべきではありません。

(not / you / your brother / help / should).

＿＿＿＿＿＿＿＿＿＿＿＿＿＿＿＿＿＿＿＿＿＿

(2) 彼(かれ)らはいつ，宿題をするべきですか。

(do / they / their / when / homework / should)?

＿＿＿＿＿＿＿＿＿＿＿＿＿＿＿＿＿＿＿＿＿＿

4 次の日本文を英語になおしなさい。[2 点 × 2]

(1) あなたは一生懸命(けんめい)にテニスを練習するべきです。

＿＿＿＿＿＿＿＿＿＿＿＿＿＿＿＿＿＿＿＿＿＿

(2) 私は今日，図書館に行くべきですか。

＿＿＿＿＿＿＿＿＿＿＿＿＿＿＿＿＿＿＿＿＿＿

今日はここまで! おつかれさま!

解答　別冊8ページ

1 次の日本文に合うように，＿＿に適する語を書きなさい。[1 点 × 2]

(1) 私を手伝ってくれませんか。

＿＿＿＿＿＿＿＿ ＿＿＿＿＿＿＿＿ help me?

(2) 私の弟に電話をしていただけませんか。

＿＿＿＿＿＿＿＿ ＿＿＿＿＿＿＿＿ call my brother?

2 次の対話文がなりたつように，＿＿に適する語を書きなさい。[1 点 × 2]

(1) Could you tell me about your family?

— All ＿＿＿＿＿＿＿＿.

(2) Will you play baseball with us after school?

— I'm ＿＿＿＿＿＿＿＿, but I must help my mother.

3 次の日本文に合うように，（　）内の語句を並べかえなさい。[1 点 × 2]

(1) 駅で私たちを待っていてくれませんか。

(us / at / for / wait / will / the station / you)?

_____

(2) 私のレポートを読んでいただけませんか。

(you / my report / could / read)?

_____

4 次のようなとき，英語で何と言うか。助動詞を使って書きなさい。[2 点 × 2]

(1) 相手に，目の前にある3個のいすを運ぶように頼むとき。

_____

(2) 相手に，英語をゆっくり話すように丁寧(ていねい)に頼むとき。

_____

今日はここまで！ おつかれさま！

解答　別冊9ページ

1 次の日本文に合うように，＿＿に適する語を書きなさい。[1点× 4]

(1) (私が)あなたの車を洗いましょうか。

　　＿＿＿＿＿＿＿＿ ＿＿＿＿＿＿＿ wash your car?

(2) ((1)に答えて)はい，お願いします。

　　Yes, ＿＿＿＿＿＿＿＿.

(3) 来週，(一緒に)サッカーを練習しましょうか。

　　＿＿＿＿＿＿＿＿ ＿＿＿＿＿＿＿ practice soccer next week?

(4) ((3)に答えて)いいえ，やめましょう。

　　No, ＿＿＿＿＿＿＿＿ ＿＿＿＿＿＿＿.

2 次の対話文がなりたつように，＿＿に適する語を書きなさい。[1点× 2]

(1) Shall we go shopping in Yokohama?

　　— Yes, ＿＿＿＿＿＿＿＿.

(2) Shall I open the window?

　　— No, ＿＿＿＿＿＿＿＿ ＿＿＿＿＿＿＿.

3 次の日本文に合うように，(　)内の語句を並べかえなさい。[1点× 2]

(1) 明日の朝，公園で走りましょうか。

　　(the park / we / run / in / morning / shall / tomorrow)?

　　＿＿＿＿＿＿＿＿＿＿＿＿＿＿＿＿＿＿＿＿＿＿＿＿＿

(2) どこであなたを待ちましょうか。(I / shall / you / wait / where / for)?

　　＿＿＿＿＿＿＿＿＿＿＿＿＿＿＿＿＿＿＿＿＿＿＿＿＿

4 次のようなとき，英語で何と言うか。shallを使って書きなさい。[1点× 2]

(1) 相手に，自分のノートを見せようかと申し出るとき。

　　＿＿＿＿＿＿＿＿＿＿＿＿＿＿＿＿＿＿＿＿＿＿＿＿＿

(2) 相手に，一緒に音楽を聞こうかと誘うとき。

　　＿＿＿＿＿＿＿＿＿＿＿＿＿＿＿＿＿＿＿＿＿＿＿＿＿

今日はここまで！ おつかれさま！

1 次の英文の＿＿にisまたはareを書きなさい。[1点×4]

(1) There ＿＿＿＿＿＿ a cap on the bed.

(2) There ＿＿＿＿＿＿ some boys under the tree.

(3) There ＿＿＿＿＿＿ an egg in the basket.

(4) There ＿＿＿＿＿＿ a lot of CDs in my brother's room.

2 次の日本文に合うように，＿＿に適する語を書きなさい。[1点×2]

(1) 私のかばんの中にノートが1冊あります。

＿＿＿＿＿＿ ＿＿＿＿＿＿ a notebook in my bag.

(2) 体育館に20人の生徒がいました。

＿＿＿＿＿＿ ＿＿＿＿＿＿ twenty students in the gym.

3 次の英文を日本語になおしなさい。[1点×2]

(1) There is an umbrella by the door.

＿＿＿＿＿＿＿＿＿＿＿＿＿＿＿＿＿＿＿＿＿＿＿＿＿

(2) There are some men behind the wall.

＿＿＿＿＿＿＿＿＿＿＿＿＿＿＿＿＿＿＿＿＿＿＿＿＿

4 次の日本文に合うように，（　）内の語句を並べかえなさい。[1点×2]

(1) 公園にはたくさんの人がいました。

(were / in / there / the park / a lot of / people).

＿＿＿＿＿＿＿＿＿＿＿＿＿＿＿＿＿＿＿＿＿＿＿＿＿

(2) 私の家の近くには図書館が1つあります。

(is / my house / there / near / a library).

＿＿＿＿＿＿＿＿＿＿＿＿＿＿＿＿＿＿＿＿＿＿＿＿＿

今日はここまで！おつかれさま！

28 There is 〜.の肯定文②

月　日

点
/10

解答　別冊 9 ページ

1 次の日本文に合うように，___に適する語句を書きなさい。[1 点 × 4]

(1) 部屋に数人の生徒がいます。

　_____ some students in the room.

(2) 机の下にかばんが 1 つあります。

　_____ a bag under the desk.

(3) 私の机のまわりにはいくつかの腕時計がありました。

　_____ some watches _____.

(4) 昨日，私の家の前に車が 1 台ありました。

　_____ a car _____ yesterday.

2 次の英文を（　）内の指示にしたがって書きかえなさい。[1 点 × 2]

(1) There is a girl at the shop.（下線部を some にかえて）

　_____

(2) There are two parks near my house.（文末に ten years ago を加えて）

　_____

3 次の日本文を，there is[are] 〜を使って英語になおしなさい。[2 点 × 2]

(1) 机の上に本が数冊あります。

　_____

(2) いすの下にネコが 1 匹います。

　_____

な ぞ
と き

計算した答えを数字で書こう！

twelve ÷ two ＝ ④

▶▶ p.3 の ④ にあてはめよう

今日はここまで！ おつかれさま！

29 第4章 There is 〜.の文
There is 〜.の疑問文

月　日

点 / 10

解答　別冊 10 ページ

1 次の日本文に合うように，＿＿に適する語を書きなさい。［ 1 点× 2 ］

(1) 机の上に本がありますか。

＿＿＿＿＿＿＿＿ ＿＿＿＿＿＿＿＿ a book ＿＿＿＿＿＿＿ the desk?

(2) そこにはいすがいくつかありますか。

＿＿＿＿＿＿＿＿ ＿＿＿＿＿＿＿＿ any chairs there?

2 次の英文を（ ）内の指示にしたがって書きかえるとき，＿＿に適する語を書きなさい。

(1) There is an old car in front of the shop.（疑問文に）　　　　　［ 1 点× 2 ］

＿＿＿＿＿＿＿＿ ＿＿＿＿＿＿＿＿ an old car in front of the shop?

(2) There are two pictures on the wall.（下線部をたずねる疑問文に）

＿＿＿＿＿＿＿＿ many pictures are ＿＿＿＿＿＿＿＿ on the wall?

3 次の対話文がなりたつように，＿＿に適する語を書きなさい。［ 1 点× 2 ］

(1) ＿＿＿＿＿＿＿＿ there a computer on your desk?

— Yes, ＿＿＿＿＿＿＿＿ is.

(2) ＿＿＿＿＿＿＿＿ there any dogs in the park two hours ago?

— No, ＿＿＿＿＿＿＿＿ ＿＿＿＿＿＿＿＿.

4 次の日本文に合うように，（ ）内の語句を並べかえなさい。［ 1 点× 2 ］

(1) ベッドの上にアリが 1 匹いますか。(there / the bed / an ant / is / on)?

＿＿＿＿＿＿＿＿＿＿＿＿＿＿＿＿＿＿＿＿＿＿＿＿＿＿＿＿＿＿＿＿

(2) あなたのかばんの中に鉛筆が何本かありますか。

(pencils / are / your / in / there / bag / any)?

＿＿＿＿＿＿＿＿＿＿＿＿＿＿＿＿＿＿＿＿＿＿＿＿＿＿＿＿＿＿＿＿

5 次の日本文を英語になおしなさい。［ 1 点× 2 ］

(1) この動物園にはパンダが何頭かいますか。

＿＿＿＿＿＿＿＿＿＿＿＿＿＿＿＿＿＿＿＿＿＿＿＿＿＿＿＿＿＿＿＿

(2) あなたの家の近くに郵便局が 1 つありましたか。

＿＿＿＿＿＿＿＿＿＿＿＿＿＿＿＿＿＿＿＿＿＿＿＿＿＿＿＿＿＿＿＿

今日はここまで！ おつかれさま！

解答　別冊 10 ページ

1 次の日本文に合うように，＿＿に適する語を書きなさい。[1点× 2]

(1) そこには病院はありません。

There ＿＿＿＿＿＿ ＿＿＿＿＿＿ a hospital there.

(2) 駅の前には車が１台もありません。

＿＿＿＿＿＿ ＿＿＿＿＿＿ no cars ＿＿＿＿＿＿ front of the station.

2 次の英文を否定文に書きかえるとき，＿＿に適する語を書きなさい。[1点× 2]

(1) There are some students in the gym.

There ＿＿＿＿＿＿ ＿＿＿＿＿＿ students in the gym.

(2) There is much water in the river.

There ＿＿＿＿＿＿ ＿＿＿＿＿＿ much water in the river.

3 次の英文を日本語になおしなさい。[1点× 2]

(1) There aren't any people on the street.

＿＿＿＿＿＿＿＿＿＿＿＿＿＿＿＿＿＿＿＿＿＿＿＿＿

(2) There are no parks in this village.

＿＿＿＿＿＿＿＿＿＿＿＿＿＿＿＿＿＿＿＿＿＿＿＿＿

4 次の日本文に合うように，（　）内の語句を並べかえなさい。[1点× 2]

(1) この庭には花は１本もありません。

(any / in / aren't / there / this garden / flowers).

＿＿＿＿＿＿＿＿＿＿＿＿＿＿＿＿＿＿＿＿＿＿＿＿＿

(2) あの建物のうしろには木が１本もありません。

(that building / no / behind / there / trees / are).

＿＿＿＿＿＿＿＿＿＿＿＿＿＿＿＿＿＿＿＿＿＿＿＿＿

5 次の日本文を，there is[are] ～を使って英語になおしなさい。[1点× 2]

(1) 私の部屋には時計がありません。

＿＿＿＿＿＿＿＿＿＿＿＿＿＿＿＿＿＿＿＿＿＿＿＿＿

(2) この町には書店が１つもありません。

＿＿＿＿＿＿＿＿＿＿＿＿＿＿＿＿＿＿＿＿＿＿＿＿＿

今日はここまで! おつかれさま!

解答　別冊 10 ページ

1 次の英文の（　）内から適する語を選び，○で囲みなさい。[1 点× 2]

(1) John (and, if, but) Tom will also come to the party tonight.

(2) Let's go shopping. — I'm sorry, (because, but, and) I can't.

2 次の英文の□□に適するものを，ア〜エから選びなさい。[1 点× 4]

(1) I went to Mary's house, [＿＿＿＿＿＿＿＿]. 　（　　　）

(2) Practice hard, [＿＿＿＿＿＿＿]. 　（　　　）

(3) That is not a cat [＿＿＿＿＿＿＿]. 　（　　　）

(4) I got up at seven [＿＿＿＿＿＿＿]. 　（　　　）

　　ア　but a small dog

　　イ　and you will be a good player

　　ウ　and ate breakfast at eight

　　エ　but she was not at home

> 〈命令文, and 〜.〉で「…しなさい, そうすれば〜。」という意味になるよ。

3 （　）内の意味になるように，2 つの英文を and や but を使って 1 つの文にしなさい。

(1) Leave home now. You will catch the bus. （今家を出れば）　　　[1 点× 2]

_____

(2) He said something. I couldn't hear him well. （彼（かれ）が何か言ったが）

_____

4 次の日本文に合うように，（　）内の語を並べかえなさい。[1 点× 2]

(1) レストランへ行って日本食を食べましょう。

Let's go to the restaurant (Japanese / and / some / food / have).

Let's go to the restaurant _____.

(2) 私はあのコンピュータがほしいのですが, 高すぎます。

I want that computer, (is / expensive / but / too / it).

I want that computer, _____.

今日はここまで! おつかれさま!

解答　別冊11ページ

1 次の英文の（　）内から適する語を選び，○で囲みなさい。［1点×2］

(1) I was very tired, (so, or, but) I went to bed early.

(2) Which do you like, tea (and, or, so) coffee?

2 次の英文の□に適するものを，ア〜エから選びなさい。［1点×4］

(1) Study hard, ＿＿＿＿＿＿＿＿＿＿＿＿.　　（　　）

(2) I'm very busy today, ＿＿＿＿＿＿＿＿＿＿＿＿.　　（　　）

(3) It'll be hot during the game, ＿＿＿＿＿＿＿＿＿＿＿＿.　　（　　）

(4) Don't eat too much, ＿＿＿＿＿＿＿＿＿＿＿＿.　　（　　）

ア　so please help me

イ　or you won't pass the test

ウ　or you will get sick

エ　so you should bring some water

〈命令文, or 〜.〉で「…しなさい，さもないと〜。」だよ。

3 （　）内の意味になるように，2つの英文をorやsoを使って1つの文にしなさい。

(1) Do your homework. You must not go out.（宿題をしないと）　　［1点×2］

＿＿＿＿＿＿＿＿＿＿＿＿＿＿＿＿＿＿＿＿＿＿＿＿＿＿＿

(2) Nancy is very kind. Everyone likes her.（とても親切なので）

＿＿＿＿＿＿＿＿＿＿＿＿＿＿＿＿＿＿＿＿＿＿＿＿＿＿＿

4 次の日本文に合うように，（　）内の語句を並べかえなさい。［1点×2］

(1) 彼は腕時計とかばんのどちらをほしがっていますか。

(he / or a bag / does / which / a watch / want / ,)?

＿＿＿＿＿＿＿＿＿＿＿＿＿＿＿＿＿＿＿＿＿＿＿＿＿＿＿

(2) 私はおなかがすいていたので，サンドイッチをいくつか食べました。

(some sandwiches / was / so / hungry / ate / I / I / ,).

＿＿＿＿＿＿＿＿＿＿＿＿＿＿＿＿＿＿＿＿＿＿＿＿＿＿＿

今日はここまで！ おつかれさま！

解答　別冊 11 ページ

1 次の日本文に合うように，＿＿＿に適する語を書きなさい。［1点×2］

(1) もしおなかがすいているなら，このケーキを食べてもいいですよ。

You can eat this cake ＿＿＿＿＿＿＿ you ＿＿＿＿＿＿＿ hungry.

(2) もし明日晴れたら，私はTシャツを洗うつもりです。

I'll wash my T-shirt ＿＿＿＿＿＿＿ ＿＿＿＿＿＿＿ sunny tomorrow.

2 （　）内の意味になるように，2つの英文を if を使って1つの文にしなさい。

［1点×2］

(1) It will be cold tomorrow. I'll stay home all day. （もし明日寒ければ）

＿＿＿＿＿＿＿＿＿＿＿＿＿＿＿＿＿＿＿＿＿＿＿＿＿＿＿＿＿＿

(2) Can you help me? You have time. （もし時間があれば）

＿＿＿＿＿＿＿＿＿＿＿＿＿＿＿＿＿＿＿＿＿＿＿＿＿＿＿＿＿＿

3 次の日本文に合うように，（　）内の語を並べかえなさい。［1点×2］

(1) もしあなたが野球を好きなら，一緒に試合を見ましょう。

Let's watch the game together (baseball / if / like / you).

Let's watch the game together ＿＿＿＿＿＿＿＿＿＿＿＿＿＿＿＿＿.

(2) もしあなたが新しいギターをほしいのなら，お父さんに頼みなさい。

(you / guitar / if / a / want / new), ask your father.

＿＿＿＿＿＿＿＿＿＿＿＿＿＿＿＿＿＿＿＿＿＿, ask your father.

4 次の日本文を，if を使って英語になおしなさい。［2点×2］

(1) もし明日あなたが忙しいなら，手伝いましょうか。

＿＿＿＿＿＿＿＿＿＿＿＿＿＿＿＿＿＿＿＿＿＿＿＿＿＿＿＿＿＿

(2) 英語の先生になりたいなら，一生懸命に勉強しなさい。

＿＿＿＿＿＿＿＿＿＿＿＿＿＿＿＿＿＿＿＿＿＿＿＿＿＿＿＿＿＿

今日はここまで！ おつかれさま！

解答　別冊 11 ページ

1 次の日本文に合うように，＿＿に適する語を書きなさい。[1 点× 2]

(1) ケンは7歳のときに，この市に来ました。

Ken came to this city ＿＿＿＿＿＿＿ he ＿＿＿＿＿＿＿ seven.

(2) 私は福岡へ行ったとき，おじを訪ねました。

＿＿＿＿＿＿＿ I ＿＿＿＿＿＿＿ to Fukuoka, I visited my uncle.

2 （　）内の意味になるように，2つの英文をwhenを使って1つの文にしなさい。

(1) I visited Yumi. She was out. （私がユミを訪ねたとき）　　　　[1 点× 2]

＿＿＿＿＿＿＿＿＿＿＿＿＿＿＿＿＿＿＿＿＿＿＿＿＿＿＿＿＿＿＿

(2) My father left home. I was calling John. （父が家を出たとき）

＿＿＿＿＿＿＿＿＿＿＿＿＿＿＿＿＿＿＿＿＿＿＿＿＿＿＿＿＿＿＿

3 次の日本文に合うように，（　）内の語句を並べかえなさい。[1 点× 2]

(1) 私が起きたとき，雪が降っていました。

(I / up / when / got), it was snowing.

＿＿＿＿＿＿＿＿＿＿＿＿＿＿＿＿＿＿＿＿＿＿＿, it was snowing.

(2) 母が夕食を作るとき，私はいつも手伝います。

(makes / when / dinner / my mother), I always help her.

＿＿＿＿＿＿＿＿＿＿＿＿＿＿＿＿＿＿＿＿＿, I always help her.

4 次の日本文を英語になおしなさい。[2 点× 2]

(1) 私は公園で歩いていたとき，あなたのお兄さんに会いました。

＿＿＿＿＿＿＿＿＿＿＿＿＿＿＿＿＿＿＿＿＿＿＿＿＿＿＿＿＿＿＿

(2) 英語を勉強するときには，この辞書を使いなさい。

＿＿＿＿＿＿＿＿＿＿＿＿＿＿＿＿＿＿＿＿＿＿＿＿＿＿＿＿＿＿＿

なぞとき

計算した答えを数字で書こう！

eleven － ten ＝ ⑤　　　　　　▶▶ p.3 の ⑤ にあてはめよう

今日はここまで！おつかれさま！

解答　別冊12ページ

1 次の英文の（　）内から適する語を選び，○で囲みなさい。［1点×2］

(1) My sister took care of my cat (while, until, if) I was out.

(2) You must stay home (when, until, while) the snow stops.

2 次の英文の□□に適するものを，ア〜エから選びなさい。［1点×4］

(1) My father came home ［　　　　　　　　　　　］. （　　　）

(2) The boys will play soccer ［　　　　　　　　　　］. （　　　）

(3) We can't drive a car ［　　　　　　　　　　　　］. （　　　）

(4) I'll visit my aunt ［　　　　　　　　　　　　　］. （　　　）

ア　while I stay in Hokkaido

イ　until it gets dark

ウ　while I was sleeping

エ　until we are eighteen

> while は「〜する間に」，until は「〜するまで（ずっと）」だよ。

3 次の日本文に合うように，（　）内の語句を並べかえなさい。［1点×2］

(1) 彼は駅に着くまで歩くのを止めませんでした。

He didn't stop walking (got / the station / he / until / to).

He didn't stop walking ＿＿＿＿＿＿＿＿＿＿＿＿＿＿＿＿＿＿＿＿＿.

(2) 私がお皿を洗っている間に，居間を掃除してくれませんか。

Can you clean the living room (washing / while / am / the dishes / I)?

Can you clean the living room ＿＿＿＿＿＿＿＿＿＿＿＿＿＿＿＿＿＿?

4 次の日本文を英語になおしなさい。［1点×2］

(1) 東京にいた間，あなたは何をしましたか。

＿＿＿＿＿＿＿＿＿＿＿＿＿＿＿＿＿＿＿＿＿＿＿＿＿＿＿＿＿＿＿

(2) あなたのお兄さんが来るまでここで待ちましょう。

＿＿＿＿＿＿＿＿＿＿＿＿＿＿＿＿＿＿＿＿＿＿＿＿＿＿＿＿＿＿＿

今日はここまで！ おつかれさま！

36

第5章　接続詞
before, after

点

10

解答　別冊12ページ

1 次の日本文に合うように，＿＿に適する語を書きなさい。［1点×2］

(1) 食べる前に手を洗いなさい。

Wash your hands ＿＿＿＿＿＿ you eat.

(2) 私は部屋を掃除したあとで宿題をするつもりです。

I'll do my homework ＿＿＿＿＿＿ I clean my room.

2 次の英文の□に適するものを，ア〜エから選びなさい。［1点×4］

(1) We have to get to the station ［　　　　］.　（　　）

(2) I'll use the computer ［　　　　］.　（　　）

(3) What should I do ［　　　　］?　（　　）

(4) The concert started just ［　　　　］.　（　　）

　ア　after I arrived at the hall

　イ　before the train comes

　ウ　before I go to America

　エ　after my brother uses it

3 次の日本文に合うように，（　）内の語句を並べかえなさい。［1点×2］

(1) サトウさんが戻って来る前に，この仕事を終わらせましょう。

Let's finish this work (back / before / comes / Mr. Sato).

Let's finish this work ＿＿＿＿＿＿＿＿.

(2) あなたは今日，家に帰ってから何をするつもりですか。

What are you going to do (home / after / get / you) today?

What are you going to do ＿＿＿＿＿＿ today?

4 次の日本文を英語になおしなさい。［1点×2］

(1) 外出する前には窓を閉めなさい。

＿＿＿＿＿＿＿＿＿＿

(2) 私たちは映画を見たあと，夕食をとりました。

＿＿＿＿＿＿＿＿＿＿

今日はここまで！おつかれさま！

41

解答　別冊 13 ページ

1 次の日本文に合うように， ___ に適する語を書きなさい。[1 点× 2]

(1) 彼女は具合が悪かったので，病院へ行きました。

　　She went to the hospital _____ she _____ sick.

(2) 私は私たちの先生を手伝ったので，遅く帰宅しました。

　　I came home late _____ I _____ our teacher.

2 次の 2 つの英文を，because を使って 1 つの文にしなさい。[1 点× 2]

(1) It was hot yesterday.　We swam in the sea.

　　_____

(2) Mr. Jones doesn't have a car.　He comes to school by bus.

　　_____

3 次の英文を日本語になおしなさい。[1 点× 2]

(1) I want to visit Australia because I like koalas.

　　_____

(2) Because I got up late this morning, I didn't have breakfast.

　　_____

4 次の日本文に合うように，（　）内の語を並べかえなさい。[1 点× 2]

(1) 私は昼食を食べなかったので，今おなかがすいています。

　　I'm hungry now (I / because / didn't / lunch / have).

　　I'm hungry now _____.

(2) 彼らは試合に勝ちたいので，サッカーを一生懸命に練習します。

　　They practice soccer hard (want / games / they / win / because / to).

　　They practice soccer hard _____.

5 次の日本文を英語になおしなさい。[1 点× 2]

(1) 私は昨夜疲れていたので，風呂に入りませんでした。

　　_____

(2) 晴れていたので，私たちは山に登りました。

　　_____

今日はここまで! おつかれさま!

解答　別冊13ページ

1 次の日本文に合うように，＿＿に適する語を書きなさい。[1点×2]

(1) 私は，ケンのお父さんが英語を話せるときいています。

I hear ＿＿＿＿＿＿ Ken's father ＿＿＿＿＿＿ ＿＿＿＿＿＿ English.

(2) 私はきっと，彼(かれ)はみんなに親切だと思います。

I'm sure ＿＿＿＿＿＿ ＿＿＿＿＿＿ ＿＿＿＿＿＿ kind to everyone.

2 次の2つの英文を，that を使って1つの文にしなさい。[1点×2]

(1) She is good at making cakes. Do you think so?

＿＿＿＿＿＿＿＿＿＿＿＿＿＿＿＿＿＿＿＿＿＿＿＿＿＿＿＿＿＿

(2) Ken will get well soon. We hope so.

＿＿＿＿＿＿＿＿＿＿＿＿＿＿＿＿＿＿＿＿＿＿＿＿＿＿＿＿＿＿

3 次の英文を日本語になおしなさい。[1点×2]

(1) I think that Kate can use a computer well.

＿＿＿＿＿＿＿＿＿＿＿＿＿＿＿＿＿＿＿＿＿＿＿＿＿＿＿＿＿＿

(2) I think that the question is difficult.

＿＿＿＿＿＿＿＿＿＿＿＿＿＿＿＿＿＿＿＿＿＿＿＿＿＿＿＿＿＿

4 次の日本文に合うように，（　）内の語を並べかえなさい。[1点×2]

(1) 彼はケンではないと思います。I don't (Ken / think / is / he).

I don't ＿＿＿＿＿＿＿＿＿＿＿＿＿＿＿＿＿＿＿＿＿＿＿＿＿.

(2) あなたは，彼はよいテニス選手だと思いますか。

(think / do / that / you) he's a good tennis player?

＿＿＿＿＿＿＿＿＿＿＿＿＿＿＿＿＿＿＿ he's a good tennis player?

5 次の日本文を英語になおしなさい。[1点×2]

(1) ジム(Jim)はよく，イヌを飼いたいと言います。

＿＿＿＿＿＿＿＿＿＿＿＿＿＿＿＿＿＿＿＿＿＿＿＿＿＿＿＿＿＿

(2) 私は，トム(Tom)のお父さんは駅前にいると思います。

＿＿＿＿＿＿＿＿＿＿＿＿＿＿＿＿＿＿＿＿＿＿＿＿＿＿＿＿＿＿

> 接続詞のthatは省略することができるよ。

今日はここまで！おつかれさま！

解答　別冊 13 ページ

1 次の英文の(　)内から適する語句を選び，○で囲みなさい。[1 点× 2]

(1) She wants to (buy, buys) a new bike.　(2) It started (rain, to rain).

2 次の日本文に合うように，＿＿に適する語を書きなさい。[1 点× 2]

(1) あなたはよく眠(ねむ)る必要があります。

You need ＿＿＿＿＿＿＿＿ ＿＿＿＿＿＿＿＿ well.

(2) 英語で手紙を書くことは，彼(かれ)らには難しいです。

＿＿＿＿＿＿＿＿ ＿＿＿＿＿＿＿＿ letters in English

＿＿＿＿＿＿＿＿ difficult for them.

3 次の日本文に合うように，(　)内の語を並べかえなさい。[1 点× 2]

(1) 彼は映画を見るのが好きですか。(he / like / does / see / to) the movies?

＿＿＿＿＿＿＿＿＿＿＿＿＿＿＿＿＿＿＿＿ the movies?

(2) 外国に行くのが私たちの考えです。(abroad / our / go / is / to) idea.

＿＿＿＿＿＿＿＿＿＿＿＿＿＿＿＿＿＿＿＿ idea.

4 次の英文を(　)内の指示にしたがって書きかえなさい。[1 点× 2]

(1) Japanese history is interesting for me.

(下線部を不定詞を使って「日本史を勉強すること」という意味に)

＿＿＿＿＿＿＿＿＿＿＿＿＿＿＿＿＿＿＿＿＿＿＿＿＿＿

(2) Cathy wants to make a bag. (下線部をたずねる疑問文に)

＿＿＿＿＿＿＿＿＿＿＿＿＿＿＿＿＿＿＿＿＿＿＿＿＿＿

5 次のようなとき，英語で何と言うか。不定詞を使って自分の考えを書きなさい。

(1) 「～したい」と自分の希望を伝えるとき。　　　　　　　　[1 点× 2]

＿＿＿＿＿＿＿＿＿＿＿＿＿＿＿＿＿＿＿＿＿＿＿＿＿＿

(2) 「私の夢(dream)は～だ」と将来の夢を伝えるとき。

＿＿＿＿＿＿＿＿＿＿＿＿＿＿＿＿＿＿＿＿＿＿＿＿＿＿

今日はここまで! おつかれさま!

不定詞の副詞的用法

月　日

点

/10

解答　別冊14ページ

1 次の日本文に合うように，＿＿に（ ）内の語を適する形にかえて書きなさい。
ただし，1語とは限りません。［1点×2］

(1) 彼はその知らせを知って驚きました。

He was surprised ＿＿＿＿＿＿＿＿＿＿＿＿＿ the news.（ know ）

(2) 私たちは試合に勝つためにサッカーを練習します。

We practice soccer ＿＿＿＿＿＿＿＿＿＿＿＿＿ games.（ win ）

2 次の日本文に合うように，＿＿に適する語を書きなさい。［1点×2］

(1) 彼は新しいコンピュータを買うために一生懸命に働きました。

He worked hard ＿＿＿＿＿＿＿＿ ＿＿＿＿＿＿＿ a new computer.

(2) ユミは彼の手紙を読んで悲しかったです。

Yumi was sad ＿＿＿＿＿＿＿＿ ＿＿＿＿＿＿＿ his letter.

3 例にならって，次の2つの文を1つの文に書きかえなさい。［1点×2］

例　I get up at five. I run in the park. → I get up at five to run in the park.

(1) He'll stay home today. He'll do his homework.

＿＿＿＿＿＿＿＿＿＿＿＿＿＿＿＿＿＿＿＿＿＿＿＿＿＿＿＿＿＿＿

(2) I went to Tokyo. I met my uncle.

＿＿＿＿＿＿＿＿＿＿＿＿＿＿＿＿＿＿＿＿＿＿＿＿＿＿＿＿＿＿＿

4 次の日本文を英語になおしなさい。［2点×2］

(1) バスケットボールをするために体育館に行きましょう。

＿＿＿＿＿＿＿＿＿＿＿＿＿＿＿＿＿＿＿＿＿＿＿＿＿＿＿＿＿＿＿

(2) 私たちは写真をとるためにあの山に登りました。

＿＿＿＿＿＿＿＿＿＿＿＿＿＿＿＿＿＿＿＿＿＿＿＿＿＿＿＿＿＿＿

今日はここまで！ おつかれさま！

不定詞の形容詞的用法

月　日

点

/10

解答　別冊 14 ページ

1 次の日本文に合うように，＿＿に（　）内の語を適する形にかえて書きなさい。
ただし，1 語とは限りません。［1 点× 2］

(1) 私の兄には何か買うものがあります。

My brother has something ＿＿＿＿＿＿＿＿＿＿＿＿＿＿＿＿＿＿. (buy)

(2) これはベスに送るべきカードです。

This is a card ＿＿＿＿＿＿＿＿＿＿＿＿＿＿＿ to Beth. (send)

2 次の日本文に合うように，＿＿に適する語を書きなさい。［1 点× 2］

(1) あなたは私たちと話す時間がほしいですか。

Do you want some time ＿＿＿＿＿＿＿＿ ＿＿＿＿＿＿＿ with us?

(2) 私には終わらせるべきことがたくさんあります。

I have a lot of ＿＿＿＿＿＿＿＿ ＿＿＿＿＿＿＿ ＿＿＿＿＿＿＿.

3 次の日本文に合うように，（　）内の語句を並べかえなさい。［1 点× 2］

(1) 彼には夕食の前にするべき宿題がありました。

(had / do / some homework / he / to) before dinner.

＿＿＿＿＿＿＿＿＿＿＿＿＿＿＿＿＿＿＿＿＿＿＿＿ before dinner.

(2) 私の弟は何か冷たい飲み物を買いました。

(bought / drink / my / something / brother / to / cold).

＿＿＿＿＿＿＿＿＿＿＿＿＿＿＿＿＿＿＿＿＿＿＿＿

4 次の日本文を不定詞を使って，英語になおしなさい。［2 点× 2］

(1) 私は母にあげる花を何本か買いました。

＿＿＿＿＿＿＿＿＿＿＿＿＿＿＿＿＿＿＿＿＿＿＿＿

(2) 彼女は何か温かい食べ物がほしいです。

＿＿＿＿＿＿＿＿＿＿＿＿＿＿＿＿＿＿＿＿＿＿＿＿

今日はここまで！ おつかれさま！

解答　別冊14ページ

1 次の英文の（　）内から適する語句を選び，○で囲みなさい。[1 点× 2]

(1) I want (he, his, him) to play the piano.

(2) My father told me (help, helping, to help) my mother.

2 次の日本文に合うように，＿＿に適する語を書きなさい。[1 点× 2]

(1) 私たちは彼に早く寝てほしいと思っています。

We want ＿＿＿＿＿＿＿＿ ＿＿＿＿＿＿＿＿ go to bed early.

(2) 彼女はあなたに手伝っていただきたいと思っています。

She ＿＿＿＿＿＿＿＿ like you ＿＿＿＿＿＿＿＿ help her.

3 次の各組の英文がほぼ同じ内容になるように，＿＿に適する語を書きなさい。

(1) Jean said to me, "Will you carry the desk?"　　　　　　　　　[1 点× 2]

Jean asked me ＿＿＿＿＿＿ ＿＿＿＿＿＿ the desk.

(2) John's mother said to him, "Take the 11:00 bus."

John's mother told him ＿＿＿＿＿＿ ＿＿＿＿＿＿ the 11:00 bus.

4 次の日本文に合うように，（　）内の語句を並べかえなさい。[1 点× 2]

(1) 私は妹に夕食の前に宿題をするように言いました。

(told / do / her homework / to / I / my sister) before dinner.

＿＿＿＿＿＿＿＿＿＿＿＿＿＿＿＿＿＿＿＿＿ before dinner.

(2) 私はケンに写真を何枚か見せてくれるように頼みました。

(Ken / to / asked / I / some pictures / show) to me.

＿＿＿＿＿＿＿＿＿＿＿＿＿＿＿＿＿＿＿＿＿ to me.

5 次の日本文を英語になおしなさい。[1 点× 2]

(1) 姉は私に夕食後に皿を洗うように頼みました。

＿＿＿＿＿＿＿＿＿＿＿＿＿＿＿＿＿＿＿＿＿＿＿＿

(2) 私は彼らにその試合に勝ってほしいと思っています。

＿＿＿＿＿＿＿＿＿＿＿＿＿＿＿＿＿＿＿＿＿＿＿＿

今日はここまで！ おつかれさま！

47

解答　別冊 15 ページ

1 次の英文の（　）内から適する語句を選び，○で囲みなさい。[1 点× 2]

(1)　It is interesting (study, studying, to study) English.

(2)　It is difficult (to, for, of) me to dance.

2 次の日本文に合うように，＿＿に適する語を書きなさい。[1 点× 2]

(1)　日本の文化を学ぶことはおもしろいです。

　　　＿＿＿＿＿＿＿＿ is interesting ＿＿＿＿＿＿＿ learn Japanese culture.

(2)　私たちを手伝ってくれるとは，彼女(かのじょ)は親切です。

　　　＿＿＿＿＿＿＿ is kind ＿＿＿＿＿＿＿ her ＿＿＿＿＿＿＿ help us.

3 次の日本文に合うように，（　）内の語句を並べかえなさい。[1 点× 2]

(1)　私にとってその仕事を今日終わらせることは難しいです。

　　　(for / is / difficult / to / the work / it / me / finish) today.

　　　＿＿＿＿＿＿＿＿＿＿＿＿＿＿＿＿＿＿＿＿＿＿＿＿＿＿＿＿ today.

(2)　あなたにとって一生懸命(けんめい)に勉強することは必要なことです。

　　　(necessary / study / is / it / for / to / hard / you).

　　　＿＿＿＿＿＿＿＿＿＿＿＿＿＿＿＿＿＿＿＿＿＿＿＿＿＿＿＿＿

4 次の各組の英文がほぼ同じ内容になるように，＿＿に適する語を書きなさい。

(1)　To surf the Internet is a lot of fun for Tom. [1 点× 2]

　　　＿＿＿＿＿＿＿＿ is a lot of fun ＿＿＿＿＿＿＿ Tom ＿＿＿＿＿＿＿

　　　surf the Internet.

(2)　Beth can't play the guitar.

　　　＿＿＿＿＿＿＿＿ is impossible ＿＿＿＿＿＿＿ Beth ＿＿＿＿＿＿＿

　　　play the guitar.

5 次の日本文を，it を使って英語になおしなさい。[1 点× 2]

(1)　私にとって先生になることは簡単ではありません。

　　　＿＿＿＿＿＿＿＿＿＿＿＿＿＿＿＿＿＿＿＿＿＿＿＿＿＿＿＿＿＿＿

(2)　毎日公園の中を歩くことはよいことです。

　　　＿＿＿＿＿＿＿＿＿＿＿＿＿＿＿＿＿＿＿＿＿＿＿＿＿＿＿＿＿＿＿

今日はここまで！ おつかれさま！

44 疑問詞＋to 〜 ①

点

月　日

/10

解答　別冊 15 ページ

1 次の英文の（　）内から適する語を選び，○で囲みなさい。［1点×2］

(1)　I don't know (what, where, who) to bring to the party.

(2)　Did you tell Tom (what, where, who) to practice soccer?

2 次の日本文に合うように，＿＿に適する語を書きなさい。［1点×4］

(1)　あなたは毎朝何を食べたらよいかわかりますか。

Do you know ＿＿＿＿＿＿＿ ＿＿＿＿＿＿＿ eat every morning?

(2)　ジムは私にどちらを選んだらよいかたずねました。

Jim asked me ＿＿＿＿＿＿＿ ＿＿＿＿＿＿＿ choose.

(3)　何時に昼食を食べたらよいか私に教えてください。

Please tell me ＿＿＿＿＿＿＿ time ＿＿＿＿＿＿＿ have lunch.

(4)　私たちは土曜日にどこに行ったらよいか知りたいです。

We want to know ＿＿＿＿＿＿＿ ＿＿＿＿＿＿＿ go on Saturday.

3 次の日本文に合うように，（　）内の語を並べかえなさい。［1点×2］

(1)　彼らは何を勉強したらよいか知りません。

(know / they / what / study / don't / to).

＿＿＿＿＿＿＿＿＿＿＿＿＿＿＿＿＿＿＿＿＿＿＿＿＿＿＿＿＿＿＿

(2)　どこであなたを待ったらよいか私に教えてください。

Please (where / you / wait / tell / to / for / me).

Please ＿＿＿＿＿＿＿＿＿＿＿＿＿＿＿＿＿＿＿＿＿＿＿＿＿＿＿ .

4 次の（　）内の日本語を英語になおして，全文を書きなさい。［1点×2］

(1)　Do you know （次の日曜日にどこに行ったらよいか）?

＿＿＿＿＿＿＿＿＿＿＿＿＿＿＿＿＿＿＿＿＿＿＿＿＿＿＿＿＿＿＿

(2)　I'm not sure （いつ学校に行ったらよいか）.

＿＿＿＿＿＿＿＿＿＿＿＿＿＿＿＿＿＿＿＿＿＿＿＿＿＿＿＿＿＿＿

今日はここまで！ おつかれさま！

1 次の英文の（ ）内から適する語を選び，○で囲みなさい。［1点×2］

(1) I know (when, which, what) to leave home.

(2) Can you tell me (where, which, how) to go to the city hall?

2 次の日本文に合うように，＿＿に適する語を書きなさい。［1点×2］

(1) ジェーンは私にお好み焼きの作り方をたずねました。

Jane asked me ＿＿＿＿＿＿＿＿ ＿＿＿＿＿＿＿＿ make *okonomiyaki*.

(2) あなたはどの本を読んだらよいか知っていますか。

Do you know ＿＿＿＿＿＿＿＿ book ＿＿＿＿＿＿＿＿ read?

3 次の日本文に合うように，（ ）内の語句を並べかえなさい。［1点×2］

(1) あなたはよい写真のとり方を知りたいですか。

(to / want / know / to / you / how / do / take) good pictures?

＿＿＿＿＿＿＿＿＿＿＿＿＿＿＿＿＿＿＿＿＿＿ good pictures?

(2) 私はいつ母を手伝ったらよいか知っています。

(know / help / when / my mother / I / to).

＿＿＿＿＿＿＿＿＿＿＿＿＿＿＿＿＿＿＿＿＿＿＿

4 次の英文を日本語になおしなさい。［1点×2］

(1) Do you know how to write letters in English?

＿＿＿＿＿＿＿＿＿＿＿＿＿＿＿＿＿＿＿＿＿＿＿

(2) Jim wants to know when to wash his father's car.

＿＿＿＿＿＿＿＿＿＿＿＿＿＿＿＿＿＿＿＿＿＿＿

5 次の日本文を，不定詞を使って英語になおしなさい。［1点×2］

(1) あなたはどのいすを運んだらよいかわかりますか。

＿＿＿＿＿＿＿＿＿＿＿＿＿＿＿＿＿＿＿＿＿＿＿

(2) あなたの学校(your school)への行き方を私に教えてください。

＿＿＿＿＿＿＿＿＿＿＿＿＿＿＿＿＿＿＿＿＿＿＿

今日はここまで！ おつかれさま！

46 動名詞

月　日

点

/10

解答　別冊16ページ

1 次の英文の＿＿に（　）内の語を1語の適する形にかえて書きなさい。[1 点 × 2]

(1) I like ＿＿＿＿＿＿＿＿ the piano. (play)

(2) ＿＿＿＿＿＿＿＿ English is interesting for me. (study)

2 次の日本文に合うように，＿＿に適する語を書きなさい。[1 点 × 2]

(1) 彼女の趣味は山に登ることです。

Her hobby ＿＿＿＿＿＿＿＿ ＿＿＿＿＿＿＿＿ mountains.

(2) 雨が止みました。

It stopped ＿＿＿＿＿＿＿＿.

3 次の日本文に合うように，（　）内の語句を並べかえなさい。[1 点 × 2]

(1) ジーンは食器を洗うのが好きではありません。

(washing / Jean / like / dishes / doesn't / the).

＿＿＿＿＿＿＿＿＿＿＿＿＿＿＿＿＿＿＿＿＿

(2) 台所を掃除するのは私の仕事です。

(is / cleaning / my work / the kitchen).

＿＿＿＿＿＿＿＿＿＿＿＿＿＿＿＿＿＿＿＿＿

4 次の日本文を，動名詞を使って英語になおしなさい。[2 点 × 2]

(1) テレビを見るのをやめなさい。

＿＿＿＿＿＿＿＿＿＿＿＿＿＿＿＿＿＿＿＿＿

(2) 上手に泳ぐのは私には難しいです。

＿＿＿＿＿＿＿＿＿＿＿＿＿＿＿＿＿＿＿＿＿

なぞとき

次の空欄にあてはまるアルファベットは？

美しい　　b ⑥ autiful

▶▶ p.3 の ⑥ にあてはめよう

今日はここまで！おつかれさま！

動名詞と不定詞①

月　日

点

/10

解答　別冊16ページ

1 次の英文の（　）内から適する語句を選び，○で囲みなさい。［1点×4］

(1) I hope (to visit, visiting) Australia.

(2) He decided (to be, being) a math teacher.

(3) Did you enjoy (to see, seeing) the sunrise?

(4) They'll finish (to practice, practicing) baseball at three.

2 次の日本文に合うように，＿＿に適する語を書きなさい。［1点×2］

(1) 私を手伝ってくれてありがとう。

Thank you ＿＿＿＿＿＿＿＿ ＿＿＿＿＿＿＿＿ me.

(2) マイクは日本語を学ぶ決心をしましたか。

Did Mike decide ＿＿＿＿＿＿＿＿ ＿＿＿＿＿＿＿＿ Japanese?

3 次の各組の英文がほぼ同じ内容になるように，＿＿に適する語を書きなさい。

(1) To clean the bathroom on Sunday is my work.　　　　　　　　［1点×2］

＿＿＿＿＿＿＿＿ the bathroom on Sunday is my work.

(2) Do you like playing the guitar?

Do you like ＿＿＿＿＿＿＿＿ ＿＿＿＿＿＿＿＿ the guitar?

4 次の英文を日本語になおしなさい。［1点×2］

(1) My grandmother likes walking on the street slowly.

＿＿＿＿＿＿＿＿＿＿＿＿＿＿＿＿＿＿＿＿＿＿＿＿＿＿＿＿＿＿＿＿

(2) How about going camping?

＿＿＿＿＿＿＿＿＿＿＿＿＿＿＿＿＿＿＿＿＿＿＿＿＿＿＿＿＿＿＿＿

How about 〜？は，「〜はどうですか。」
とたずねる表現だったね。

今日はここまで！ おつかれさま！

48 第6章 動名詞と不定詞
動名詞と不定詞②

月　日

点

/10

解答　別冊 16 ページ

1 次の日本文に合うように，＿＿に（　）内の語を適する形にかえて書きなさい。ただし，1 語とは限りません。[1 点× 2]

(1) 私は来週，自転車を買いたいです。

I want ＿＿＿＿＿＿＿＿＿＿＿＿ a bike next week.（ buy ）

(2) 私たちはそれらのコンピュータを使うのをやめました。

We stopped ＿＿＿＿＿＿＿＿＿＿＿＿ those computers.（ use ）

2 次の英文に合うように，＿＿に適する日本語を書きなさい。[1 点× 2]

(1) We stopped listening to music then.

私たちはそのとき ＿＿＿＿＿＿＿＿＿＿＿＿＿＿＿＿＿＿＿＿＿＿。

(2) He tried to solve the difficult problem yesterday.

彼は昨日，＿＿＿＿＿＿＿＿＿＿＿＿＿＿＿＿＿＿＿＿＿＿＿＿＿＿。

3 次の日本文に合うように，（　）内の語句を並べかえなさい。[1 点× 2]

(1) 私の父は赤ちゃんの世話をするのが上手です。

(care / is / at / my father / babies / taking / good / of).

＿＿＿＿＿＿＿＿＿＿＿＿＿＿＿＿＿＿＿＿＿＿＿＿＿＿＿＿＿＿＿

(2) 英語を話すのは私には簡単ではありません。

(English / to / for / easy / isn't / me / speak).

＿＿＿＿＿＿＿＿＿＿＿＿＿＿＿＿＿＿＿＿＿＿＿＿＿＿＿＿＿＿＿

4 次の日本文を英語になおしなさい。[2 点× 2]

(1) 私の夢はオーストラリアで泳ぐことです。

＿＿＿＿＿＿＿＿＿＿＿＿＿＿＿＿＿＿＿＿＿＿

(2) あなたはテレビゲームをするのが好きですか。

＿＿＿＿＿＿＿＿＿＿＿＿＿＿＿＿＿＿＿＿＿＿＿＿＿＿＿＿＿＿＿

今日はここまで！ おつかれさま！

解答　別冊 16 ページ

1 次の英文の___に（　）内の語を適する形にかえて書きなさい。［1点×2］

(1) I got up ＿＿＿＿＿＿＿＿ than my mother. (early)

(2) It is ＿＿＿＿＿＿＿＿ today than yesterday. (hot)

2 次の日本文に合うように，___に適する語を書きなさい。［1点×2］

(1) 私はいつも兄よりも遅く寝ます。

I always go to bed ＿＿＿＿＿＿＿＿ ＿＿＿＿＿＿＿＿ my brother.

(2) あの建物は私たちの学校よりも新しいですか。

Is that building ＿＿＿＿＿＿＿＿ ＿＿＿＿＿＿＿＿ our school?

3 次の日本文に合うように，（　）内の語句を並べかえなさい。［1点×2］

(1) 彼はユミよりも速く走ることができます。

(run / he / Yumi / faster / can / than).

＿＿＿＿＿＿＿＿＿＿＿＿＿＿＿＿＿＿＿＿＿＿＿＿＿＿＿＿＿

(2) 私の自転車は彼女のよりも古いです。

(is / hers / my bike / older / than).

＿＿＿＿＿＿＿＿＿＿＿＿＿＿＿＿＿＿＿＿＿＿＿＿＿＿＿＿＿

4 次の英文を（　）内の指示にしたがって書きかえなさい。［1点×2］

(1) Her shirt is pretty. （yoursと比較する文に）

＿＿＿＿＿＿＿＿＿＿＿＿＿＿＿＿＿＿＿＿＿＿＿＿＿＿＿＿＿

(2) This pencil is longer than that one. （ほぼ同じ内容を表す文に）

That pencil ＿＿＿＿＿＿＿＿＿＿＿＿＿＿＿＿＿＿＿＿＿＿＿＿.

5 次の日本文を英語になおしなさい。［1点×2］

(1) 彼女のかばんは私のよりもすてきですか。

＿＿＿＿＿＿＿＿＿＿＿＿＿＿＿＿＿＿＿＿＿＿＿＿＿＿＿＿＿

(2) 富士山は浅間山(Mt. Asama)よりも高いです。

＿＿＿＿＿＿＿＿＿＿＿＿＿＿＿＿＿＿＿＿＿＿＿＿＿＿＿＿＿

今日はここまで！ おつかれさま！

54

1 次の英文の＿＿に（ ）内の語を適する形にかえて書きなさい。ただし，1語とは限りません。［1点×2］

(1)　This dictionary is ＿＿＿＿＿＿＿＿＿ than his.（ useful ）

(2)　Cathy walked ＿＿＿＿＿＿＿＿＿ than Ken.（ slowly ）

2 次の日本文に合うように，（ ）内の語句を並べかえなさい。［1点×2］

(1)　この花はあの花よりも美しいです。

（ more / is / beautiful / this flower / that one / than ）.

＿＿＿＿＿＿＿＿＿＿＿＿＿＿＿＿＿＿＿＿＿＿＿＿

(2)　トムよりも注意深く運転しなさい。

（ than / drive / more / Tom / carefully ）.

＿＿＿＿＿＿＿＿＿＿＿＿＿＿＿＿＿＿＿＿＿＿＿＿

3 次の英文を（ ）内の指示にしたがって書きかえなさい。［1点×2］

(1)　Her picture is famous.（「彼のものよりも～」という比較級の文に）

＿＿＿＿＿＿＿＿＿＿＿＿＿＿＿＿＿＿＿＿＿＿＿＿

(2)　Science is easier than math for Yumi.

（mathを主語にして，ほぼ同じ内容を表す文に）

＿＿＿＿＿＿＿＿＿＿＿＿＿＿＿＿＿＿＿＿＿＿＿＿

4 次の日本文を英語になおしなさい。［2点×2］

(1)　私にとって，数学は英語よりもおもしろいです。

＿＿＿＿＿＿＿＿＿＿＿＿＿＿＿＿＿＿＿＿＿＿＿＿

(2)　この小説は私のものよりも有名ですか。

＿＿＿＿＿＿＿＿＿＿＿＿＿＿＿＿＿＿＿＿＿＿＿＿

今日はここまで！ おつかれさま！

解答　別冊 17 ページ

1 次の英文の___に（ ）内の語を適する形にかえて書きなさい。[1 点× 2]

(1) His house is the _____ in this village. (old)

(2) My mother came home the _____ in my family. (late)

2 次の日本文に合うように，___に適する語を書きなさい。[1 点× 2]

(1) ジムは 3 人の中でいちばん年上でした。

Jim was the _____ _____ the three.

(2) 私の父の車は 5 台の中でいちばん新しいです。

My father's car is the _____ _____ the five.

3 次の日本文に合うように，（ ）内の語句を並べかえなさい。[1 点× 2]

(1) 信濃川は日本でいちばん長いです。

(longest / the Shinano River/ in / is / Japan / the).

_____

(2) 私は家族の中でいちばん早く家を出ます。

(home / the / my family / I / earliest / in / leave).

_____

4 次の英文を（ ）内の指示にしたがって書きかえなさい。[1 点× 2]

(1) This book is heavier than that one. （下線部を「3 冊の中でいちばん」にかえて）

_____

(2) Mt. Fuji is higher than any other mountain in Japan.

（ほぼ同じ内容を表す最上級の文に）

_____

5 次の日本文を英語になおしなさい。[1 点× 2]

(1) この塔は世界でいちばん高いです。

_____

(2) 彼女は 4 人の中でいちばん親切でした。

_____

今日はここまで！ おつかれさま！

56

解答 別冊 17 ページ

1 次の英文の＿＿に（ ）内の語を適する形にかえて書きなさい。ただし，1 語とは限りません。［1 点×2］

(1) This problem is the ＿＿＿＿＿＿＿＿ of all. (important)

(2) Volleyball is the ＿＿＿＿＿＿＿＿ of all the sports. (exciting)

2 次の日本文に合うように，＿＿に適する語を書きなさい。［1 点×2］

(1) ジョーンズさんは 5 人の中でいちばん注意深く運転します。

Mr. Jones drives the ＿＿＿＿＿＿ ＿＿＿＿＿＿ of the five.

(2) この本は 3 冊の中でいちばん高価ですか。

Is this book the ＿＿＿＿＿＿ ＿＿＿＿＿＿ of the three?

3 次の日本文に合うように，（ ）内の語句を並べかえなさい。［1 点×2］

(1) 彼は，これは世界でいちばんおいしい食べ物だと言います。

He says (the / this / the world / delicious / most / food / in / is).

He says ＿＿＿＿＿＿＿＿＿＿＿＿＿＿＿＿＿＿＿＿.

(2) 中国語はすべての言語の中でいちばん難しいですか。

(of / Chinese / the / difficult / is / all the languages / most)?

＿＿＿＿＿＿＿＿＿＿＿＿＿＿＿＿＿＿＿＿＿

4 次の日本文を英語になおしなさい。［2 点×2］

(1) 彼女がオーストラリアでいちばん人気のある作家ですか。

＿＿＿＿＿＿＿＿＿＿＿＿＿＿＿＿＿＿＿＿＿

(2) あなたのラケットは 10 本の中でいちばん高価です。

＿＿＿＿＿＿＿＿＿＿＿＿＿＿＿＿＿＿＿＿＿

今日はここまで！ おつかれさま！

解答　別冊 18 ページ

1 次の英文の___に（ ）内の語を適する形にかえて書きなさい。[1 点 × 2]

(1) Ken speaks English the _____ in his class. (well)

(2) His plan is _____ than yours. (good)

2 次の日本文に合うように，___に適する語を書きなさい。[1 点 × 2]

(1) 私はニンジンよりもタマネギのほうが好きです。

I like onions _____ _____ carrots.

(2) 彼は日本でいちばん上手な歌手のうちの１人です。

He is one of the _____ _____ in Japan.

3 次の日本文に合うように，（ ）内の語句を並べかえなさい。[1 点 × 2]

(1) このギターは私のよりよいです。

(is / than / this guitar / better / mine).

_____

(2) 私の父はすべての季節の中で秋がいちばん好きです。

(best / my father / fall / all / seasons / the / of / likes).

_____

4 次の英文を（ ）内の指示にしたがって書きかえなさい。[1 点 × 2]

(1) I like cats. (「イヌよりも」を加えて比較級の文に)

_____

(2) This movie was good. (「３本の中で」を加えて最上級の文に)

_____

5 次の日本文を英語になおしなさい。[1 点 × 2]

(1) 彼のかばんはあなたのよりもよいですか。

_____

(2) あなたはいちばん上手にフルートをふきました。

_____

今日はここまで！おつかれさま！

as 〜 as ...

月　　日

点

/10

解答　別冊 18 ページ

1 次の日本文に合うように，＿＿に適する語を書きなさい。［ 1 点× 2 ］

(1) 彼のラケットは私のと同じくらいよいです。

His racket is as ＿＿＿＿＿＿＿ ＿＿＿＿＿＿＿ mine.

(2) この橋はあの橋ほど長くありません。

This bridge isn't ＿＿＿＿＿＿＿ long ＿＿＿＿＿＿＿ that one.

2 次の各組の英文がほぼ同じ内容になるように，＿＿に適する語を書きなさい。

［ 1 点× 2 ］

(1) My bag isn't as big as yours.

Your bag is ＿＿＿＿＿＿＿ ＿＿＿＿＿＿＿ mine.

(2) My brother plays tennis better than Jim.

Jim doesn't play tennis ＿＿＿＿＿＿＿ ＿＿＿＿＿＿＿ as my brother.

3 次の日本文に合うように，（　）内の語句を並べかえなさい。［ 1 点× 2 ］

(1) 私は母と同じくらい早く起きました。

(as / got / early / as / I / my mother / up).

＿＿＿＿＿＿＿＿＿＿＿＿＿＿＿＿＿＿＿＿＿＿＿＿

(2) 私のコンピュータはナンシーのほど重くないです。

(as / my computer / Nancy's / isn't / as / heavy).

＿＿＿＿＿＿＿＿＿＿＿＿＿＿＿＿＿＿＿＿＿＿＿＿

4 次の日本文を英語になおしなさい。［ 2 点× 2 ］

(1) この地図は私のと同じくらい役に立ちます。

＿＿＿＿＿＿＿＿＿＿＿＿＿＿＿＿＿＿＿＿＿＿＿＿

(2) 私のカメラは彼のほど高価ではありません。

＿＿＿＿＿＿＿＿＿＿＿＿＿＿＿＿＿＿＿＿＿＿＿＿

今日はここまで！ おつかれさま！

解答　別冊18ページ

1 次の英文の（　）内から適する語を選び，○で囲みなさい。[1点×2]

(1) (Who, What, Which) was easier, this book or that one?

(2) (Who, What, Which) is the most famous singer among young people?

2 次の日本文に合うように，＿＿に適する語を書きなさい。[1点×4]

(1) ジョンとアンでは，どちらのほうが一生懸命に勉強しますか。

Who _____ _____, John or Ann?

(2) あなたにとって，すべての中でいちばんおもしろい本は何ですか。

_____ is the _____ interesting book of all for you?

(3) あなたは何色がいちばん好きですか。

_____ color do you like the _____?

(4) 岩木山と浅間山では，どちらのほうが高いですか。

_____ is _____, Mt. Iwaki or Mt. Asama?

3 次の英文を日本語になおしなさい。[1点×2]

(1) Which does your father like better, running or walking?

_____

(2) Who can play the violin the best in your club?

_____

4 次の日本文に合うように，（　）内の語を並べかえなさい。[1点×2]

(1) 日本では，だれがいちばん人気のある選手ですか。

(the / is / who / most / player / popular) in Japan?

_____ in Japan?

(2) この箱とあの箱では，どちらのほうが重いですか。

(or / is / this / which / one / box / that / heavier / ,)?

_____

今日はここまで！おつかれさま！

解答　別冊 19 ページ

1 次の対話文がなりたつように，＿に適する語を書きなさい。［1点×2］

(1)　Who is ＿＿＿＿＿＿, Mr. Brown ＿＿＿＿＿＿ your father?

　　— Mr. Brown is younger ＿＿＿＿＿＿ my father.

(2)　＿＿＿＿＿＿ was ＿＿＿＿＿＿ useful, this book

　　＿＿＿＿＿＿ that one? — That one was.

2 次の日本文に合うように，＿に適する語句を書きなさい。［1点×2］

(1)　すべての中で，いちばんおもしろい教科は何ですか。

　　＿＿＿＿＿＿＿＿＿＿＿＿＿＿＿＿＿＿＿＿＿ of all?

(2)　あなたの国では，だれがいちばん人気のある作家ですか。

　　＿＿＿＿＿＿＿＿＿＿＿＿＿＿＿＿＿ in your country?

3 次の英文の下線部をたずねる疑問文を書きなさい。［1点×2］

(1)　Emily likes tennis better than basketball.

　　＿＿＿＿＿＿＿＿＿＿＿＿＿＿＿＿＿＿＿＿＿＿＿

(2)　Mr. Green came to school the earliest yesterday.

　　＿＿＿＿＿＿＿＿＿＿＿＿＿＿＿＿＿＿＿＿＿＿＿

4 次の日本文を英語になおしなさい。［2点×2］

(1)　あなたはどの季節がいちばん好きですか。

　　＿＿＿＿＿＿＿＿＿＿＿＿＿＿＿＿＿＿＿＿＿＿＿

(2)　あなたのクラスでは，だれがいちばん背が高いですか。

　　＿＿＿＿＿＿＿＿＿＿＿＿＿＿＿＿＿＿＿＿＿＿＿

なぞ
とき

計算した答えを数字で書こう！

six ÷ three ＝ ⑦

▶▶ p.3 の ⑦ にあてはめよう

今日はここまで！おつかれさま！

61

57 受け身の肯定文①

月　日

点

10

解答　別冊 19 ページ

1 次の動詞の過去分詞を書きなさい。[1 点× 4]

(1)　study _____　　(2)　send _____

(3)　make _____　　(4)　speak _____

2 次の日本文に合うように，___に適する語を書きなさい。[1 点× 2]

(1)　その選手は世界中で知られています。

The player _____ _____ all over the world.

(2)　これらの箱は今朝，運ばれました。

These boxes _____ _____ this morning.

3 次の英文を日本語になおしなさい。[1 点× 2]

(1)　This library is closed from December 28 to January 5.

_____

(2)　These books are read among many children.

_____

4 次の日本文に合うように，（　）内の語句を並べかえなさい。[1 点× 2]

(1)　この歌は多くの国で愛されています。

(is / this song / loved) in many countries.

_____ in many countries.

(2)　これらの車は日本で作られました。

(were / Japan / made / these cars / in).

_____

今日はここまで！おつかれさま！

点

月　日

/10

解答　別冊 19 ページ

1 次の英文の＿＿に（　）内の語を適する形にかえて書きなさい。［1点×4］

(1)　English is ＿＿＿＿＿＿＿＿ in many countries.（use）

(2)　Some pictures were ＿＿＿＿＿＿＿＿ in Kobe.（take）

(3)　This window is ＿＿＿＿＿＿＿＿ at night.（close）

(4)　This book was ＿＿＿＿＿＿＿＿ in that store.（sell）

2 次の日本文に合うように，＿＿に適する語句を書きなさい。［1点×2］

(1)　バスケットボールは多くの国でプレーされています。

　　Basketball ＿＿＿＿＿＿＿＿＿＿＿＿＿＿＿＿ in many countries.

(2)　彼女（かのじょ）の子どもたちは駅前で見つかりました。

　　Her children ＿＿＿＿＿＿＿＿＿＿＿＿＿ in front of the station.

3 次の英文を（　）内の指示にしたがって書きかえなさい。［1点×2］

(1)　English is taught here.（主語を English and French に）

　　＿＿＿＿＿＿＿＿＿＿＿＿＿＿＿＿＿＿＿＿＿＿＿＿＿＿

(2)　A lot of stars are seen in the sky.（文末に last night を加えて）

　　＿＿＿＿＿＿＿＿＿＿＿＿＿＿＿＿＿＿＿＿＿＿＿＿＿＿

4 次の日本文を英語になおしなさい。［1点×2］

(1)　この机は福岡で作られました。

　　＿＿＿＿＿＿＿＿＿＿＿＿＿＿＿＿＿＿＿＿＿＿＿＿＿＿

(2)　その窓は先週，壊（こわ）されました。

　　＿＿＿＿＿＿＿＿＿＿＿＿＿＿＿＿＿＿＿＿＿＿＿＿＿＿

今日はここまで！ おつかれさま！

点

/10

解答 別冊 20 ページ

1 次の英文の( )内から適する語を選び，○で囲みなさい。[1 点× 2]

(1) The classroom is cleaned (by, with, to) some students after school.

(2) These movies are known (of, with, to) many people.

> 過去分詞によっては，by 以外の前置詞を使うこともあるよ。

2 次の日本文に合うように， ___ に適する語を書きなさい。[1 点× 4]

(1) 朝食は毎朝，私の姉によって作られます。

Breakfast _____ made _____ my sister every

morning.

(2) この写真は彼女(かのじょ)によってとられました。

This picture was taken _____ _____.

(3) 私のカップは弟によって割られました。

My cup _____ broken _____ my brother.

(4) この本はジェーンによって読まれましたか。

Was this book _____ _____ Jane?

3 次の日本文に合うように，( )内の語句を並べかえなさい。[2 点× 2]

(1) この質問は彼女によってたずねられました。

(asked / this question / her / was / by).

_____

(2) この絵は先月，トムによって描(か)かれました。

(was / this picture / Tom / by / painted) last month.

_____ last month.

今日はここまで！ おつかれさま！

1 次の日本文に合うように，＿＿に適する語句を書きなさい。[1 点× 2]

(1) これらの手紙は昨日，彼女(かのじょ)によって送られました。

　　These letters ＿＿＿＿＿＿＿＿＿＿＿＿＿＿＿＿＿＿＿ yesterday.

(2) 英語は金曜日に，ブラウン先生(Mr. Brown)によって教えられます。

　　English ＿＿＿＿＿＿＿＿＿＿＿＿＿＿＿＿＿＿＿ on Friday.

2 次の各組の英文がほぼ同じ内容になるように，＿＿に適する語を書きなさい。

(1) Bob found my umbrella in the car.　　　　　　　　　　[1 点× 2]

　　My umbrella ＿＿＿＿＿＿ found ＿＿＿＿＿＿ Bob in the car.

(2) Everyone knows the song.

　　The song is ＿＿＿＿＿＿ ＿＿＿＿＿＿ everyone.

3 次の英文を（　）内の指示にしたがって書きかえなさい。[1 点× 2]

(1) This bag was made last Sunday.（「私の母によって」という意味を加えて）

　　＿＿＿＿＿＿＿＿＿＿＿＿＿＿＿＿＿＿＿

(2) The musician is loved.（「若者たちによって」という意味を加えて）

　　＿＿＿＿＿＿＿＿＿＿＿＿＿＿＿＿＿＿＿

4 次の日本文を英語になおしなさい。[2 点× 2]

(1) 台所はたいてい私によって掃除(そうじ)されます。

　　＿＿＿＿＿＿＿＿＿＿＿＿＿＿＿＿＿＿＿

(2) この図書館は9時15分に開けられます。

　　＿＿＿＿＿＿＿＿＿＿＿＿＿＿＿＿＿＿＿

今日はここまで！ おつかれさま！

第8章 受け身の文
受け身の疑問文

月　日　　　／10

解答　別冊 20 ページ

1 次の英文を（　）内の指示にしたがって書きかえるとき，＿＿に適する語を書きなさい。

(1) This window is opened by Yuta every morning.（疑問文に）　　　［1点×2］

_____ this window _____ by Yuta every morning?

(2) This camera was made in Germany.（下線部をたずねる疑問文に）

_____ was this camera _____?

2 次の日本文に合うように，＿＿に適する語を書きなさい。［1点×2］

(1) このマンガは多くの人に読まれましたか。— はい，読まれました。

_____ this comic _____ by many people?

— Yes, _____ _____.

(2) この国では英語とフランス語が話されますか。

_____ English and French _____ in this country?

3 次の対話文がなりたつように，＿＿に適する語を書きなさい。［1点×2］

(1) Was the house built three years ago?

— No, _____ _____.

(2) _____ Mr. Sano _____ by the students?

— Yes, he is. They like him very much.

4 次の日本文を英語になおしなさい。［2点×2］

(1) これらの皿はベス（Beth）によって洗われましたか。— はい，洗われました。

_____

— _____

(2) その話は多くの人に知られていますか。— いいえ，知られていません。

_____

— _____

今日はここまで！ おつかれさま！

受け身の否定文

月　日

点

/10

解答　別冊20ページ

1 次の日本文に合うように，＿に適する語を書きなさい。［1点×2］

(1) 中国語はこの学校では教えられていません。

Chinese ＿＿＿＿＿＿＿ ＿＿＿＿＿＿＿ in this school.

(2) その部屋は昨日，掃除(そうじ)されませんでした。

The room ＿＿＿＿＿＿＿ ＿＿＿＿＿＿＿ yesterday.

2 次の英文を否定文に書きかえるとき，＿に適する語を書きなさい。［1点×2］

(1) These letters were written in 2012.

These letters ＿＿＿＿＿＿＿ ＿＿＿＿＿＿＿ in 2012.

(2) We are invited to her birthday party.

We ＿＿＿＿＿＿＿ ＿＿＿＿＿＿＿ to her birthday party.

3 次の日本文に合うように，（　）内の語句を並べかえなさい。［1点×2］

(1) それらの鳥は日本で見られません。

(not / those / are / seen / birds) in Japan.

＿＿＿＿＿＿＿＿＿＿＿＿＿＿＿＿＿＿＿＿ in Japan.

(2) この絵は私の兄に好まれませんでした。

(liked / wasn't / by / my brother / this picture).

＿＿＿＿＿＿＿＿＿＿＿＿＿＿＿＿＿＿＿＿

4 次の日本文を英語になおしなさい。［2点×2］

(1) このテーブルは私のおじによって作られませんでした。

＿＿＿＿＿＿＿＿＿＿＿＿＿＿＿＿＿＿＿＿

(2) 彼(かれ)はこの町の人々に知られていません。

＿＿＿＿＿＿＿＿＿＿＿＿＿＿＿＿＿＿＿＿

今日はここまで！ おつかれさま！

解答　別冊 21 ページ

1 次の日本文に合うように，＿＿に適する語を書きなさい。［1点×4］

(1) この学校では，昼食は正午に食べられなければなりません。

Lunch ＿＿＿＿＿＿ be eaten at noon in this school.

(2) スーパーマーケットは今度の日曜日に開店する予定です。

The supermarket ＿＿＿＿＿＿ ＿＿＿＿＿＿ opened next Sunday.

(3) その歌手は世界中で愛されるでしょうか。

＿＿＿＿＿＿ the singer be ＿＿＿＿＿＿ all over the world?

(4) この本は多くの人が読むことができます。

This book ＿＿＿＿＿＿ be ＿＿＿＿＿＿ by many people.

2 次の対話文がなりたつように，＿＿に適する語を書きなさい。［1点×2］

(1) Will the car ＿＿＿＿＿＿ washed by your father tomorrow afternoon?

— No, ＿＿＿＿＿＿ ＿＿＿＿＿＿. He will be busy.

(2) Can this work be finished by next Friday?

— Yes, ＿＿＿＿＿＿ ＿＿＿＿＿＿.

3 次の日本文に合うように，（　）内の語を並べかえなさい。［2点×2］

(1) この計画は生徒たちによって討論されるべきです。

This plan (discussed / should / be) by the students.

This plan ＿＿＿＿＿＿＿＿＿＿＿＿＿＿＿＿＿＿＿＿＿ by the students.

(2) この鳥は救われるかもしれません。

This bird (saved / may / be).

This bird ＿＿＿＿＿＿＿＿＿＿＿＿＿＿＿＿＿＿＿＿＿.

〈助動詞＋be＋過去分詞〉の
語順に注意しよう！

今日はここまで！おつかれさま！

解答　別冊21ページ

1　次の日本文に合うように，＿＿＿に適する語句を書きなさい。［1点×2］

(1)　この手紙はエミリーに送られるべきです。

This letter ＿＿＿＿＿＿＿＿＿＿＿＿＿＿＿＿＿＿＿＿＿＿＿＿＿ to Emily.

(2)　ケーキは来週，私の母によって作られるでしょう。

A cake ＿＿＿＿＿＿＿＿＿＿＿＿＿＿＿＿＿＿＿＿＿＿＿＿＿＿ next week.

2　次の英文を（　）内の指示にしたがって書きかえなさい。［1点×2］

(1)　Your cat is found.（「見つかるでしょう」という未来の文に）

＿＿＿＿＿＿＿＿＿＿＿＿＿＿＿＿＿＿＿＿＿＿＿＿＿＿＿＿＿＿＿＿

(2)　English may be spoken in her country.（否定文に）

＿＿＿＿＿＿＿＿＿＿＿＿＿＿＿＿＿＿＿＿＿＿＿＿＿＿＿＿＿＿＿＿

3　次の英文を日本語になおしなさい。［1点×2］

(1)　This door must be closed.

＿＿＿＿＿＿＿＿＿＿＿＿＿＿＿＿＿＿＿＿＿＿＿＿＿＿＿＿＿＿＿＿

(2)　Will the song be liked by young people?

＿＿＿＿＿＿＿＿＿＿＿＿＿＿＿＿＿＿＿＿＿＿＿＿＿＿＿＿＿＿＿＿

4　次の日本文を英語になおしなさい。［2点×2］

(1)　朝食は毎日，食べられるべきです。

＿＿＿＿＿＿＿＿＿＿＿＿＿＿＿＿＿＿＿＿＿＿＿＿＿＿＿＿＿＿＿＿

(2)　このおもちゃ（toy）はサム（Sam）によって壊されるかもしれません。

＿＿＿＿＿＿＿＿＿＿＿＿＿＿＿＿＿＿＿＿＿＿＿＿＿＿＿＿＿＿＿＿

な ぞ
と き

次の空欄にあてはまるアルファベットは？

1000　　　th ⑧ usand　　　▶▶ p.3の ⑧ にあてはめよう

今日はここまで！ おつかれさま！

解答　別冊 21 ページ

1 次の英文を（　）内の語を使って現在完了の文に書きかえるとき，＿＿に適する語を書きなさい。[1 点× 2]

(1) I bought this new dictionary. (just)

I ＿＿＿＿＿＿＿＿ just ＿＿＿＿＿＿＿＿ this new dictionary.

(2) She walked 10 kilometers. (already)

She ＿＿＿＿＿＿＿＿ already ＿＿＿＿＿＿＿＿ 10 kilometers.

2 次の日本文に合うように，＿＿に適する語を書きなさい。[1 点× 2]

(1) 彼はちょうど，ここに来たところです。

He ＿＿＿＿＿＿＿＿ just ＿＿＿＿＿＿＿＿ here.

(2) 私は自分のかさをなくしてしまいました。

I ＿＿＿＿＿＿＿＿ ＿＿＿＿＿＿＿＿ my umbrella.

3 次の英文を日本語になおしなさい。[1 点× 2]

(1) My father has just closed the window.

＿＿＿＿＿＿＿＿＿＿＿＿＿＿＿＿＿＿＿＿＿＿＿＿＿＿＿＿＿＿

(2) I have already read this book.

＿＿＿＿＿＿＿＿＿＿＿＿＿＿＿＿＿＿＿＿＿＿＿＿＿＿＿＿＿＿

4 次の日本文に合うように，（　）内の語句を並べかえなさい。[1 点× 2]

(1) 私はすでにその映画を見ました。(seen / already / I / the movie / have).

＿＿＿＿＿＿＿＿＿＿＿＿＿＿＿＿＿＿＿＿＿＿＿＿＿＿＿＿＿＿

(2) 授業はちょうど始まったところです。(just / has / started / the class).

＿＿＿＿＿＿＿＿＿＿＿＿＿＿＿＿＿＿＿＿＿＿＿＿＿＿＿＿＿＿

5 次の日本文を英語になおしなさい。[1 点× 2]

(1) 私のおじはニューヨークへ行ってしまいました。

＿＿＿＿＿＿＿＿＿＿＿＿＿＿＿＿＿＿＿＿＿＿＿＿＿＿＿＿＿＿

(2) 彼らはすでに家を出てしまいました。

＿＿＿＿＿＿＿＿＿＿＿＿＿＿＿＿＿＿＿＿＿＿＿＿＿＿＿＿＿＿

今日はここまで！ おつかれさま！

「完了」の疑問文

月　日

点

/10

解答　別冊 22 ページ

1 次の日本文に合うように，＿に適する語を書きなさい。［1点×2］

(1) ケンはもう風呂に入りましたか。

＿＿＿＿＿＿＿ Ken ＿＿＿＿＿＿＿ a bath ＿＿＿＿＿＿＿？

(2) あなたたちはもう服を着がえましたか。

＿＿＿＿＿＿＿ you ＿＿＿＿＿＿＿ clothes ＿＿＿＿＿＿＿？

2 次の英文を「もう〜しましたか」という疑問文に書きかえるとき，＿に適する語を書きなさい。［1点×2］

(1) The concert has started.

＿＿＿＿＿＿＿ the concert started ＿＿＿＿＿＿＿？

(2) Kate has finished her homework.

＿＿＿＿＿＿＿ Kate ＿＿＿＿＿＿＿ her homework ＿＿＿＿＿＿＿？

3 次の日本文に合うように，（　）内の語句を並べかえなさい。［2点］

(1) 彼はもう新聞を読みましたか。(the newspaper / has / read / yet / he)？

＿＿＿＿＿＿＿＿＿＿＿＿＿＿＿＿＿＿＿＿＿＿＿＿＿＿＿＿＿＿

4 次の対話文がなりたつように，＿に適する語を書きなさい。［1点×2］

(1) ＿＿＿＿＿＿＿ your sister left for school yet?

— Yes, ＿＿＿＿＿＿＿ has.

(2) Has he told his father about his dream yet?

— No, ＿＿＿＿＿＿＿ ＿＿＿＿＿＿＿.

5 次の日本文を英語になおしなさい。［1点×2］

(1) ジョン(John)はもう新しい家に引っ越しましたか。

＿＿＿＿＿＿＿＿＿＿＿＿＿＿＿＿＿＿＿＿＿＿＿＿＿＿＿＿＿＿

(2) 彼らはもうその知らせをききましたか。

＿＿＿＿＿＿＿＿＿＿＿＿＿＿＿＿＿＿＿＿＿＿＿＿＿＿＿＿＿＿

今日はここまで！おつかれさま！

解答　別冊 22 ページ

1 次の英文を否定文に書きかえるとき，___ に適する語を書きなさい。[1 点 × 2]

(1) They have already arrived.

They have ＿＿＿＿＿＿ arrived ＿＿＿＿＿＿.

(2) It has already started snowing.

It ＿＿＿＿＿＿ started snowing ＿＿＿＿＿＿.

2 次の日本文に合うように，___ に適する語を書きなさい。[1 点 × 2]

(1) グリーンさんはまだ新しい自転車を買っていません。

Ms. Green ＿＿＿＿＿＿ ＿＿＿＿＿＿ a new bike yet.

(2) 彼らはまだこの映画を見ていません。

They ＿＿＿＿＿＿ seen this movie ＿＿＿＿＿＿.

3 次の日本文に合うように，（ ）内の語句を並べかえなさい。[1 点 × 2]

(1) 私はまだこのCDをきいていません。

(this CD / haven't / to / I / yet / listened).

＿＿＿＿＿＿＿＿＿＿＿＿＿＿＿＿＿＿＿＿

(2) 私の父はまだ帰宅していません。

(come / my father / yet / home / hasn't).

＿＿＿＿＿＿＿＿＿＿＿＿＿＿＿＿＿＿＿＿

4 次の日本文を英語になおしなさい。[2 点 × 2]

(1) メアリー(Mary)はまだ自分の部屋を掃除していません。

＿＿＿＿＿＿＿＿＿＿＿＿＿＿＿＿＿＿＿＿

(2) あの男の子はまだ泣きやんでいません。

＿＿＿＿＿＿＿＿＿＿＿＿＿＿＿＿＿＿＿＿

今日はここまで! おつかれさま!

「経験」の肯定文

月　日

点

/10

解答　別冊22ページ

1 次の英文を（　）内の語を使って現在完了の文に書きかえるとき，＿＿に適する語を書きなさい。［1点×2］

(1)　I use Kate's racket.（ before ）

　　I ＿＿＿＿＿＿＿ ＿＿＿＿＿＿＿ Kate's racket before.

(2)　He goes to Yokohama.（ twice ）

　　He ＿＿＿＿＿＿＿ ＿＿＿＿＿＿＿ to Yokohama twice.

2 次の日本文に合うように，＿＿に適する語を書きなさい。［1点×2］

(1)　私たちは海で泳いだことがあります。

　　We ＿＿＿＿＿＿＿ ＿＿＿＿＿＿＿ in the sea.

(2)　私はカナダであなたのおじさんに会ったことがあります。

　　I ＿＿＿＿＿＿＿ ＿＿＿＿＿＿＿ your uncle in Canada.

3 次の日本文に合うように，（　）内の語句を並べかえなさい。［2点］

(1)　彼女は以前，この歌をきいたことがあります。

　　(heard / has / this song / she / before).

＿＿＿＿＿＿＿＿＿＿＿＿＿＿＿＿＿＿＿＿＿

4 次の英文を日本語になおしなさい。［1点×2］

(1)　I have visited Kyoto to see my uncle before.

＿＿＿＿＿＿＿＿＿＿＿＿＿＿＿＿＿＿＿＿＿

(2)　They have seen fireworks many times.

＿＿＿＿＿＿＿＿＿＿＿＿＿＿＿＿＿＿＿＿＿

5 次の日本文を英語になおしなさい。［1点×2］

(1)　私たちはバスケットボールの試合を見たことがあります。

＿＿＿＿＿＿＿＿＿＿＿＿＿＿＿＿＿＿＿＿＿

(2)　私の祖母はフランスに行ったことがあります。

＿＿＿＿＿＿＿＿＿＿＿＿＿＿＿＿＿＿＿＿＿

今日はここまで！ おつかれさま！

解答 別冊23ページ

1 次の日本文に合うように，＿＿＿に適する語を書きなさい。［1点×2］

(1) あなたは今までに岡山に住んだことがありますか。

＿＿＿＿＿＿＿＿ you ever ＿＿＿＿＿＿＿＿ in Okayama?

(2) マイクは今までに手話を使ったことがありますか。

＿＿＿＿＿＿＿＿ Mike ＿＿＿＿＿＿＿＿ used sign language?

2 次の英文を ever を使って疑問文に書きかえるとき，＿＿＿に適する語を書きなさい。

(1) Jack has seen Mr. Kobayashi.　　　　　　　　　　　　　　　［1点×2］

＿＿＿＿＿＿＿＿ Jack ＿＿＿＿＿＿＿＿ seen Mr. Kobayashi?

(2) Yumi and Ann have made small bags.

＿＿＿＿＿＿＿＿ Yumi and Ann ＿＿＿＿＿＿＿＿ made small bags?

3 次の日本文に合うように，（　）内の語句を並べかえなさい。［2点］

(1) 彼女は今までにその雑誌を読んだことがありますか。

(read / she / has / the magazine / ever)?

＿＿＿＿＿＿＿＿＿＿＿＿＿＿＿＿＿＿＿＿＿＿＿＿＿＿＿＿＿＿＿＿

4 次の対話文がなりたつように，＿＿＿に適する語を書きなさい。［1点×2］

(1) Has Ms. Green ever written a story?

— No, ＿＿＿＿＿＿＿＿ ＿＿＿＿＿＿＿＿.

(2) Have you ever visited the museum?

— Yes. I ＿＿＿＿＿＿＿＿ ＿＿＿＿＿＿＿＿ it twice.

5 次の日本文を英語になおしなさい。［1点×2］

(1) ユカは今までにバイオリンをひいたことがありますか。

＿＿＿＿＿＿＿＿＿＿＿＿＿＿＿＿＿＿＿＿＿＿＿＿＿＿＿＿＿＿＿＿

(2) あなたは今までにバスで学校に来たことがありますか。

＿＿＿＿＿＿＿＿＿＿＿＿＿＿＿＿＿＿＿＿＿＿＿＿＿＿＿＿＿＿＿＿

今日はここまで！おつかれさま！

74

第9章　現在完了形
「経験」の否定文

月　日

点

/10

解答　別冊23ページ

1 次の日本文に合うように，＿＿に適する語を書きなさい。［1点×2］

(1) 私は1度もその店でCDを買ったことがありません。

I've ＿＿＿＿＿＿＿＿ ＿＿＿＿＿＿＿＿ CDs at the shop.

(2) 彼（かれ）らは1度も奈良（なら）に行ったことがありません。

They ＿＿＿＿＿＿＿＿ never ＿＿＿＿＿＿＿＿ to Nara.

2 次の英文をneverを使って否定文に書きかえるとき，＿＿に適する語を書きなさい。

(1) I have enjoyed dancing with my friends.　　　［1点×2］

I ＿＿＿＿＿＿＿＿ ＿＿＿＿＿＿＿＿ enjoyed dancing with my friends.

(2) We have had dogs.

We have ＿＿＿＿＿＿＿＿ ＿＿＿＿＿＿＿＿ dogs.

3 次の日本文に合うように，（　）内の語句を並べかえなさい。［1点×2］

(1) 私は1度も彼に手紙を書いたことがありません。

(never / him / a letter / I've / to / written).

＿＿＿＿＿＿＿＿＿＿＿＿＿＿＿＿＿＿＿＿＿＿＿＿＿＿＿＿＿

(2) 私たちは1度も湖で泳いだことがありません。

(never / we / the lake / swum / have / in).

＿＿＿＿＿＿＿＿＿＿＿＿＿＿＿＿＿＿＿＿＿＿＿＿＿＿＿＿＿

4 次の日本文を英語になおしなさい。［2点×2］

(1) クミは1度もこのコンピュータを使ったことがありません。

＿＿＿＿＿＿＿＿＿＿＿＿＿＿＿＿＿＿＿＿＿＿＿＿＿＿＿＿＿

(2) 私の父は1度も7時前に帰宅したことがありません。

＿＿＿＿＿＿＿＿＿＿＿＿＿＿＿＿＿＿＿＿＿＿＿＿＿＿＿＿＿

なぞ
とき

次の空欄（くうらん）にあてはまるアルファベットは？

休日　　ho ⑨ iday　　　▶▶ p.3の ⑨ にあてはめよう

今日はここまで！ おつかれさま！

「継続」の肯定文

点

月　日 　/10

解答　別冊 23 ページ

1 次の英文を（　）内の語句を使って現在完了の文に書きかえるとき，＿＿に適する語を書きなさい。［ 1 点× 2 ］

(1) My brother is free. (a week)

My brother ＿＿＿＿＿＿ ＿＿＿＿＿＿ free ＿＿＿＿＿＿ a week.

(2) She has a cold. (last week)

She ＿＿＿＿＿＿ ＿＿＿＿＿＿ a cold ＿＿＿＿＿＿ last week.

2 次の日本文に合うように，＿＿に適する語を書きなさい。［ 1 点× 2 ］

(1) エミは 2 時間ずっとアミを待っています。

Emi has ＿＿＿＿＿＿ for Ami ＿＿＿＿＿＿ two hours.

(2) 私は 6 歳のころからずっとトムを知っています。

I ＿＿＿＿＿＿ Tom ＿＿＿＿＿＿ I was six.

3 次の日本文に合うように，（　）内の語句を並べかえなさい。［ 1 点× 2 ］

(1) 彼女は 1 時間ずっと外出しています。She (has / out / been / an hour / for).

She ＿＿＿＿＿＿＿＿＿＿＿＿＿＿＿＿＿＿＿＿＿＿＿＿＿＿＿ .

(2) 私はこのペンを 6 年間使っています。(for / I've / this pen / used) six years.

＿＿＿＿＿＿＿＿＿＿＿＿＿＿＿＿＿＿＿＿＿＿＿ six years.

4 次の英文を日本語になおしなさい。［ 1 点× 2 ］

(1) I have wanted this book for about a month.

＿＿＿＿＿＿＿＿＿＿＿＿＿＿＿＿＿＿＿＿＿＿＿＿＿＿＿

(2) Cathy has been in New York since she was a child.

＿＿＿＿＿＿＿＿＿＿＿＿＿＿＿＿＿＿＿＿＿＿＿＿＿＿＿

5 次の日本文を英語になおしなさい。［ 2 点 ］

(1) 彼らは 2018 年からイヌを 1 匹飼っています。

＿＿＿＿＿＿＿＿＿＿＿＿＿＿＿＿＿＿＿＿＿＿＿＿＿＿＿

今日はここまで！ おつかれさま！

「継続」の疑問文

点
/10

解答　別冊 24 ページ

1 次の日本文に合うように，＿に適する語を書きなさい。［1 点× 2］

(1) あなたは昨日から歯が痛いですか。

＿＿＿＿＿＿＿＿ you ＿＿＿＿＿＿＿＿ a toothache since yesterday?

(2) 彼_{かれ}は自分のカメラを 5 年間使っていますか。

＿＿＿＿＿＿＿＿ he ＿＿＿＿＿＿＿＿ his camera for five years?

2 次の英文を（　）内の指示にしたがって書きかえるとき，＿に適する語を書きなさい。

(1) Mr. Sasaki has stayed in Sapporo for five days. （疑問文に）　［1 点× 2］

＿＿＿＿＿＿ Mr. Sasaki ＿＿＿＿＿＿ in Sapporo for five days?

(2) Tom has been busy since last month. （下線部をたずねる疑問文に）

＿＿＿＿＿＿ ＿＿＿＿＿＿ has Tom been busy?

3 次の日本文に合うように，（　）内の語句を並べかえなさい。［1 点× 2］

(1) あなたは 1 週間ずっと具合が悪いですか。

(been / you / a week / have / sick / for)?

＿＿＿＿＿＿＿＿＿＿＿＿＿＿＿＿＿＿＿＿＿＿＿＿＿＿

(2) ケンは昨年からずっと新しいくつをほしがっていますか。

(wanted / Ken / last year / new shoes / since / has)?

＿＿＿＿＿＿＿＿＿＿＿＿＿＿＿＿＿＿＿＿＿＿＿＿＿＿

4 次の対話文がなりたつように，＿に適する語を書きなさい。［1 点× 2］

(1) ＿＿＿＿＿＿＿ you listened to CDs ＿＿＿＿＿＿＿ two hours?

— No, we haven't.

(2) How long has it been warm?

— ＿＿＿＿＿＿＿ last Sunday.

5 次の日本文を英語になおしなさい。［2 点］

(1) 昨夜から雨が降っていますか。— はい，降っています。

＿＿＿＿＿＿＿＿＿＿＿＿＿＿＿＿＿＿＿＿＿＿＿＿＿＿＿＿

— ＿＿＿＿＿＿＿＿＿＿＿＿＿＿＿＿＿＿＿＿＿＿＿＿＿＿

今日はここまで！ おつかれさま！

73 第9章 現在完了形 「継続」の否定文

月 日

点 /10

解答 別冊24ページ

1 次の英文を否定文に書きかえるとき， ___に適する語を書きなさい。［1点×2］

(1) Rika has stayed in Tokyo for two days.

Rika _____ _____ in Tokyo for two days.

(2) I've played the piano since I was six.

I've _____ _____ the piano since I was six.

2 次の日本文に合うように， ___に適する語を書きなさい。［1点×2］

(1) 昨年から雪が降っていません。

It _____ not _____ since last year.

(2) ケンは今朝からこの部屋にはいません。

Ken _____ _____ in this room since this morning.

3 次の日本文に合うように，（ ）内の語句を並べかえなさい。［1点×2］

(1) 私は先週から彼に電話していません。

I (him / not / since / have / last week / called).

I _____.

(2) ジョンは2週間，お兄さんと話していません。

John (his brother / hasn't / two weeks / with / for / talked).

John _____.

4 次の日本文を英語になおしなさい。［2点×2］

(1) 私は3か月間，テニスを練習していません。

_____

(2) 私の兄は2日間，自分のコンピュータを使っていません。

_____

今日はここまで！おつかれさま！

現在完了形のまとめ

点

/10

解答　別冊 24 ページ

1 次の日本文に合うように，＿＿に適する語を書きなさい。［1点×3］

(1) あなたは今までにギターをひいたことがありますか。— はい，あります。

＿＿＿＿＿＿ you ＿＿＿＿＿ ＿＿＿＿＿ the guitar?

— Yes, ＿＿＿＿＿ ＿＿＿＿＿.

(2) 私の母は先週からずっと具合が悪いです。

My mother ＿＿＿＿＿ ＿＿＿＿＿ sick ＿＿＿＿＿ last week.

(3) あなたたちはどのくらいの間，ここでポールを待っていますか。— 1時間です。

＿＿＿＿＿ ＿＿＿＿＿ have you ＿＿＿＿＿ for Paul here?

— ＿＿＿＿＿ one hour.

2 次の英文を（　）内の指示にしたがって書きかえるとき，＿＿に適する語を書きなさい。

(1) I finished my homework.（「ちょうど〜したところです」という文に）［1点×3］

I ＿＿＿＿＿ ＿＿＿＿＿ finished my homework.

(2) Mr. Brown has had lunch.（「もう〜しましたか」という疑問文に）

＿＿＿＿＿ Mr. Brown ＿＿＿＿＿ lunch ＿＿＿＿＿?

(3) I have been to Yokohama.（「1度も〜したことがない」という否定文に）

I ＿＿＿＿＿ ＿＿＿＿＿ been to Yokohama.

3 次の日本文に合うように，（　）内の語句を並べかえなさい。［1点×2］

(1) ジョーンズさんは5年間ずっとどこに住んでいますか。

(has / five years / Mr. Jones / for / where / lived)?

＿＿＿＿＿＿＿＿＿＿＿＿＿＿＿＿＿＿＿＿＿

(2) 私は以前，あなたの国に行ったことがあります。

(been / before / your / I've / country / to).

＿＿＿＿＿＿＿＿＿＿＿＿＿＿＿＿＿＿＿＿＿

4 次の日本文を英語になおしなさい。［2点］

(1) あなたのおばさんはどのくらいの間，この町に滞在（たいざい）していますか。

＿＿＿＿＿＿＿＿＿＿＿＿＿＿＿＿＿＿＿＿＿

今日はここまで！ おつかれさま！

初版
第1刷　2022年4月1日　発行

●編　者
　数研出版編集部
●カバー・表紙デザイン
　株式会社クラップス（神田真里菜）

発行者　星野　泰也
ISBN978-4-410-15381-5

1回10分英語ドリル＋なぞとき　中2

発行所　数研出版株式会社

〒101-0052 東京都千代田区神田小川町2丁目3番地3
　　　　　　　〔振替〕00140-4-118431
〒604-0861 京都市中京区烏丸通竹屋町上る大倉町205番地
〔電話〕代表（075）231-0161

本書の一部または全部を許可なく
複写・複製することおよび本書の
解説・解答書を無断で作成するこ
とを禁じます。

ホームページ　https://www.chart.co.jp
印刷　河北印刷株式会社
　　　乱丁本・落丁本はお取り替えいたします　220201

中2英語　答えと解説

1　規則動詞　　　　本冊P.6

1 (1) lived, ago　　(2) stopped

2 (1) We, carried　(2) She, used

3 (1) 私は昼食のあと，友達と話しました。
　　(2) 私たちは昨夜，駅で父を待ちました。

4 (1) enjoyed the soccer game last Sunday
　　(2) visited Nara last month

5 (1) I worked hard last week.
　　(2) They cleaned the garden last Friday.

解説

1 (1) 「5年前」はfive years ago。

2 (1) 「私たちはたくさんの机を自分たちの教室へ運びました」
(2) 「彼女は私の部屋で私のコンピュータを使いました」　usesを過去形usedにする。

5 (1) 「一生懸命に」はhard。

2　不規則動詞　　　本冊P.7

1 (1) saw, yesterday　(2) left, ago

2 (1) came　　　　(2) gave

3 (1) トムは昨日の午後，出かけました。
　　(2) 私の母はそのとき，すてきなかばんを持っていました。

4 (1) took a bath at eight
　　(2) bought a book yesterday

5 (1) They built this house last year.
　　(2) She always ran to the library.

解説

2 (1) 「キャシーはこの町に来ました」
(2) 「彼は私にCDをくれました」

3 (1) go outは「出かける，外出する」。

5 (1) last yearのような時を表す表現は，文頭に置いてもよい。
(2) 「いつも」はalways。一般動詞の前に置く。

3　一般動詞の過去の疑問文　　本冊P.8

1 (1) イ　　(2) エ　　(3) ウ
　　(4) ア

2 (1) Did, didn't　(2) When, listened

3 (1) Did you lose your bag yesterday afternoon?
　　(2) Did Ken practice tennis hard last week?

4 (1) Did she help her brother with his homework yesterday?
　　(2) Where did you swim last summer?

解説

1 (1) 「あなたとケイトはバスで学校に来ましたか。 ― はい，来ました」
(2) 「あなたはそのとき，コーヒーが好きでしたか。 ― はい，好きでした」
(3) 「あなたの両親はテニスをしましたか。 ― いいえ，しませんでした」
(4) 「あなたは朝食に卵をいくつ使いましたか。 ― 私は3つ使いました」

2 (1) 「あなたは今朝，私のコンピュータを壊しましたか。 ― いいえ，壊しませんでした」

1

(2) 「ケンはいつ，あなたの部屋でCDを聞きました
か。— 彼(かれ)はこの前の土曜日にそれらを聞きました」

4 (1) 「〜の…を手伝う」はhelp 〜with ...。

4 一般動詞の過去の否定文　本冊P.9

1 (1) did, not　(2) didn't, play
2 (1) did, not　(2) didn't, leave
3 (1) 私は先月，ギターを買いませんでした。
　(2) 私の父は今朝，朝食を食べませんで
　　した。
4 (1) didn't drive yesterday
　(2) didn't call me then
5 (1) We did not[didn't] take any
　　pictures in Kyoto.

解説

1 (2) did notの短縮形はdidn't。
2 (1) 「私は昨夜，11時に寝(ね)ませんでした」
(2) 「私たちは昨日，早く家を出ませんでした」
5 (1) 「1つも〜ない」は否定文でanyを使う。

5 be動詞の過去の肯定文　本冊P.10

1 (1) He was　(2) They were kind
2 (1) was in Osaka last
　(2) were very[so] hungry last
3 (1) My notebooks were on the desk.
　(2) It was cloudy
4 (1) 私の兄[弟]は1時間前，自分の部屋
　　にいました。
　(2) 私たちの町ではとても寒かったです。
5 (1) The book was interesting for
　　[to] me.
　(2) My parents were busy last
　　month.

解説

1 be動詞の現在形と過去形の関係は，
am, is→was / are→were。

4 (1) an hour agoは「1時間前」。
5 (1) 「私には」はfor meまたはto me。

6 be動詞の過去の疑問文　本冊P.11

1 (1) エ　(2) ア　(3) ウ
　(4) イ
2 (1) Was, he, wasn't
　(2) Where, It, was
3 (1) トムのお母さんは先週，具合が悪
　　かったですか。
　(2) 彼(かれ)の両親はいつ神戸にいましたか。
4 (1) Were they in the library
　　yesterday?
　(2) Where was Kate then[at that
　　time]?

解説

1 (1) 「その少年たちはそのとき，幸せでしたか。
　— はい，幸せでした」
(2) 「あなたのお兄さん[弟さん]は先週，千葉にい
ましたか。— いいえ，いませんでした」
(3) 「あなたとあなたのお母さんは疲(つか)れていまし
たか。— はい，疲れていました」
(4) 「あなたのクラスで，だれが具合が悪かったの
ですか。— マイクです」
2 (1) 「トムはそのとき，サッカーファンでした
か。— いいえ，ファンではありませんでした」
(2) 「昨日，彼の車はどこにありましたか。— そ
れは事務所の前にありました」

⑦ be動詞の過去の否定文　本冊P.12

1 (1) was, not　　(2) We, weren't

2 (1) wasn't, sleepy
　　(2) wasn't, sick

3 (1) wasn't in Sapporo last week
　　(2) They weren't happy three days

4 (1) 私は昨日の午後，ひまではありませんでした。
　　(2) グリーンさんと彼の息子はそのとき，駅にいませんでした。

5 (1) He was not[wasn't] in the[his] classroom then[at that time].
　　(2) We were not[weren't] tired yesterday.

解説 ..(・.・)ﾉ

1 (1) 「彼女は昨年，身長が150cmではありませんでした」
(2) 「私たちはそのとき，家に帰る途中ではありませんでした」
短縮形weren'tを使う。

2 短縮形wasn'tを使う。

3 (1) 「私のおじは先週，札幌にいませんでした」
(2) 「彼らは3日前，幸せではありませんでした」

⑧ 過去進行形の肯定文　本冊P.13

1 (1) was, watching
　　(2) was, speaking
　　(3) were, talking
　　(4) We, lived

2 (1) were, helping
　　(2) was, cleaning

3 (1) 私の両親はそのとき，コンサートを楽しんでいました。

4 (1) We were looking for Kate's umbrella.
　　(2) I was washing the dishes in the kitchen.

解説 ..(・.・)ﾉ

1 (4) liveのように状態を表す動詞は，ふつう，進行形にしない。

2 (1) 「私たちは庭でその男性を手伝っていました」
(2) 「私の姉[妹]は自分の部屋を掃除していました」

⑨ 過去進行形の疑問文　本冊P.14

1 (1) ウ　　(2) エ　　(3) イ
　　(4) ア

2 (1) What, He, was
　　(2) Were, they, were

3 (1) Was Mike running alone near his house?
　　(2) Who was walking around the park?

4 (1) Was your father making sandwiches then[at that time]?
　　(2) What were you writing then[at that time]?

解説 ..(・.・)ﾉ

1 (1) 「ジャックはどこで絵を描いていましたか。— 湖の近くです」
(2) 「彼はあれらのいすを運んでいましたか。— はい，運んでいました」
(3) 「あなたは台所で何を焼いていましたか。— 私はケーキを焼いていました」
(4) 「あなたは宿題をしていましたか。— いいえ，していませんでした」

3

2 (1) 「あなたのお兄さん[弟さん]は何を探していましたか。— 彼は自分の帽子を探していました」

(2) 「彼らは昨夜，バレーボールについて話していましたか。— はい，話していました」

3 (1) 「マイクは自分の家の近くをひとりで走っていましたか」

(2) 「だれが公園の辺りを歩いていましたか」

4 (2) 疑問詞のあとは疑問文の語順。

10 過去進行形の否定文　本冊P.15

1 (1) I, wasn't (2) weren't, crying
2 (1) were, not, swimming
(2) was, not, taking
3 (1) was not sitting on the chair
(2) My brother and I weren't watching TV
4 (1) 私の両親は今朝7時に，コーヒーを飲んでいませんでした。
(2) 彼女はそのとき，通りを歩いていませんでした。
5 (1) My sister was not[wasn't] cleaning her room.
(2) They were not[weren't] using these computers.

解説

1 was not はwasn't，were not はweren't と短縮形にできる。

2 swim は m を重ねて swimming，take は e をとって taking。

3 (1) 「ジョンはそのとき，そのいすにすわっていませんでした」
(2) 「私の兄[弟]と私は昨夜，テレビを見ていませんでした」

11 be going to ～の肯定文①　本冊P.16

1 (1) am (2) study
2 (1) is, come (2) I'm, going
3 (1) are, going (2) am, to
4 (1) I'm going to help Ai
(2) is going to fish next week

解説

1 未来のことは〈主語＋be動詞＋going to＋動詞の原形 ～.〉で表す。

(1) 「私は明日，サッカーをするつもりです」
(2) 「彼女は夕食後に勉強するつもりです」

2 (2) I am の短縮形 I'm を使う。

3 (1) 「私たちは7時に朝食を食べるつもりです」
(2) 「私は北海道を訪れるつもりです」

12 be going to ～の肯定文②　本冊P.17

1 (1) am going to see[meet] Lisa next
(2) is going to run to the park
2 (1) She is[She's] going to teach science at this school.
(2) They are[They're] going to study hard tomorrow.
3 (1) 私たちは1週間，ここに滞在するつもりです。
(2) 彼女は今度の日曜日，何枚かCDを買うつもりです。
4 (1) He is[He's] going to work in New York in the future.
(2) I am[I'm] going to use my father's computer this afternoon.

解説

2 (1) 「彼女はこの学校で理科を教えるつもりです」
(2) 「彼らは明日，一生懸命に勉強するつもりです」

4 in the future, this afternoon はそれぞれ文頭に置いてもよい。

13 be going to ～の疑問文　　本冊P.18

1 (1)　Are, going, I, am　(2)　Is, to
2 (1)　Is, she　　　　　　(2)　she, is
3 (1)　Are, to, am
　　(2)　Is, she's, not[she, isn't]
4 (1)　Is Jim going to be a teacher?
　　(2)　Are you going to read this letter?
5 (1)　Is your aunt going to leave Japan next week?
　　(2)　Are you going to get up at six tomorrow morning?

解説 ･･･

1 (1)　答える文では you を I に置きかえる。
2 (1)(2)「彼女は夕食の前に風呂に入るつもりですか。— はい，そのつもりです」
3 (1)「あなたは日本中を旅行するつもりですか。— はい，するつもりです」
(2)「アンのお母さんはこのカップを使うつもりですか。— いいえ，そのつもりはありません」

14 be going to ～の否定文　　本冊P.19

1 (1)　not, going, study
　　(2)　isn't, going, visit
2 (1)　aren't, going　(2)　I'm, not
3 (1)　ベスはサッカー部に入るつもりはありません。
　　(2)　私たちは放課後，野球を練習するつもりはありません。
4 (1)　I'm not going to read this book.
　　(2)　She's not going to stay in Japan

5 (1)　They are not[They're not / They aren't] going to live in Australia in the future.
　　(2)　I am[I'm] not going to listen to music tomorrow.

解説 ･･･

1 be going to ～の文を否定文にするには，be動詞のあとに not を置く。動詞は原形のまま。is not の短縮形は isn't。
5 in the future, tomorrow はそれぞれ文頭に置いてもよい。

15 will の肯定文①　　本冊P.20

1 (1)　come　　　　(2)　be
2 (1)　will, buy, next
　　(2)　will, be, next
3 (1)　will, enjoy　(2)　will, visit
4 (1)　I will be free
　　(2)　will play tennis with her uncle the day after tomorrow

解説 ･･･

1 未来のことは〈will＋動詞の原形 ～〉で表すこともできる。
(1)「彼は2時前にここに来るでしょう」
(2)「私は明日，忙しいでしょう」
be動詞の原形は be。
3 (1)「私たちはサッカーの試合を楽しむつもりです」
(2)「私はカナダを訪れるつもりです」
4 (2)「あさって」は the day after tomorrow。

16 will の肯定文②　　本冊P.21

1 (1)　will go out after dinner
　　(2)　will go to the zoo by
2 (1)　Mary will make a cake for us.

(2) They will [They'll] help Mr. Sano after school.

3 (1) 彼は明日，学校に歩いて行くでしょう。

(2) 彼らは今夜，夕食後にテレビを見るでしょう。

4 (1) He will [He'll] be [become] a good soccer player in the future.

(2) I will [I'll] practice the guitar hard.

解説

2 (1) 「メアリーは私たちのためにケーキを作るでしょう」

(2) 「彼らは放課後，サノさんを手伝うでしょう」

4 (1) in the futureは文頭に置いてもよい。

17 willの疑問文　　本冊P.22

1 (1) Will, be, next, it, will

(2) Will, clean

2 (1) Will, she　　(2) she, will

3 (1) Will, she

(2) they, won't [they'll, not]

4 (1) Will Jim go to school tomorrow?

(2) Will you read this book?

5 (1) Will Akira visit this town next May?

(2) Will you be seventeen (years old) next week?

解説

1 (1) It will be ～.の疑問文。

2 (1)(2) 「彼女はよい歌手になるでしょうか。— はい，なるでしょう」

She'llはShe willの短縮形。

3 (1) 「あなたのお母さんは明日，10時に帰宅するでしょうか。— はい，帰宅するでしょう」

(2) 「アンとジェーンは今夜，早く寝るでしょうか。— いいえ，早く寝ないでしょう」

4 willの疑問文は，willを主語の前に置く。

18 willの否定文　　本冊P.23

1 (1) I, won't [I'll, not]

(2) won't, come [be]

2 (1) won't, visit　　(2) won't, enjoy

3 (1) タナカさんは私にラケットをくれないでしょう。

(2) あなたはその新しい映画を気に入らないでしょう。

4 (1) I'll not be in Osaka next

(2) She won't go to the concert next

5 (1) They will not [They'll not / They won't] use this room.

(2) I will not [I'll not / I won't] call my aunt tomorrow.

解説

2 (1) 「私たちは来月，京都を訪れないでしょう」We'llはWe willの短縮形。

(2) 「ジーンは友達と一緒にパーティーを楽しまないでしょう」

3 (1) give ～ to ...は「…に～を与える」。

5 (2) tomorrowは文頭に置いてもよい。

19 can, may　　本冊P.24

1 (1) May [Can], use

(2) can, play

2 (1) may, be

(2) Can [Will], open

3 (1) May [Can], sorry

(2) Who, can

4 (1) Can I take some pictures

(2) It may rain tomorrow

解説

1 助動詞can, mayのあとの動詞は原形。

(1) 「～してもよい」はmayで表し, 疑問文では
mayを主語の前に置く。canも「～してもよい」
という意味を表すことがある。

2 (1) mayには「～する[である]かもしれない」
の意味もある。

(2) Can you ～?で「～してくれませんか」。

3 (1) 「今, あなたにお話ししてもいいですか。
— すみません, 私は今, とても忙しいです」

(2) 「だれが中国語を話すことができますか。
— ミキが話すことができます」

---

⑳ must 本冊P.25

1 (1) must, get　(2) must, be

2 (1) must, come

3 (1) 彼はこの問題に答えなければなりま
せん。

(2) トムはいつ, 自分の部屋を掃除しな
ければなりませんか。

4 (1) We must finish our work

(2) Must Tom walk to school?

5 (1) They must run in the park every
day.

(2) That man must be Beth's
father.

解説

1 (2) mustには「～にちがいない」の意味も
ある。

3 (2) whenで始まる疑問文。whenのあとに
mustの疑問文〈must＋主語＋動詞の原形 ～〉
が続いている。

---

5 (2) mustのあとはbe動詞「～である」の原
形be。

㉑ must not 本冊P.26

1 (1) must, not　(2) mustn't, read

2 (1) must, not　(2) mustn't, carry

3 (1) must not run in the classroom

(2) You mustn't use my computer.

4 (1) must, not　(2) Don't, play

5 (1) You must not[mustn't] swim in
this river.

(2) Your father must not[mustn't]
drive a car today.

解説

1 (2) mustn'tはmust notの短縮形。

4 must not ～もDon't ～. も「～してはいけ
ない」という禁止を表す。

(1) 「(あなたは)英語クラブでは日本語を話しては
いけません」

(2) 「(あなたは)夜, ギターをひいてはいけませ
ん」

5 (2) todayは文頭に置いてもよい。

㉒ have to 本冊P.27

1 (1) have, wait　(2) has, to

(3) had, to　(4) Do, have

2 (1) has, say

3 (1) have, to　(2) Must, she

4 (1) Do I have to do my homework
now?

(2) She has to wash the dishes.

解説

1 (3) 「〜しなければならなかった」と過去のことを言うときには，had to 〜。

(4) have[has] to 〜の疑問文は，〈Do[Does]＋主語＋have to＋動詞の原形 〜?〉。それに対しては do[does] で答える。

3 must 〜 と have[has] to 〜は「〜しなければならない」という義務を表す。

(1) 「あなたはすぐに病院に行かなければなりません」

(2) 「彼女は早く寝なければなりませんか」

4 (1) 疑問文は Do[Does] 〜? で表す。

23 don't have to　本冊P.28

1 (1) don't, have　(2) doesn't, to

2 (1) don't, have, to

(2) doesn't, have, to

3 (1) to, doesn't, have

(2) you, have

4 (1) don't have to go to the gym after school

(2) didn't have to take pictures at the party

5 (1) Tom does not[doesn't] have to practice the guitar.

(2) You do not[don't] have to talk about baseball.

解説

3 (1) 「ジェーンは10時に駅に着かなければなりませんか。― いいえ，その必要はありません」

(2) 「私は今日の午後，あなたに電話しなければなりませんか。― いいえ，その必要はありません」Must I 〜? に対しては，Yes, you must. か No, you don't have to. で答える。

4 (2) 過去の文なので，didn't have to 〜。

5 (1) 主語 Tom は三人称単数なので，does。

24 should　本冊P.29

1 (1) should, eat[have]

(2) should, write

2 (1) should, study

(2) shouldn't, leave

3 (1) You should not help your brother.

(2) When should they do their homework?

4 (1) You should practice tennis hard.

(2) Should I go to the library today?

解説

1 should は「〜するべき」という意味。

2 (2) should のあとに not を置いて否定の形にすると，「〜するべきではない」の意味。should not の短縮形は shouldn't。

25 Will you 〜? / Could you 〜?　本冊P.30

1 (1) Will[Can], you

(2) Could[Would], you

2 (1) right　(2) sorry

3 (1) Will you wait for us at the station?

(2) Could you read my report?

4 (1) Will[Can] you carry these three chairs?

(2) Could[Would] you speak English slowly?

解説

1 (2) 丁寧に依頼するときは，Could[Would] you 〜? を使う。Can[Will] you 〜? より丁寧な言い方。

2 (1) 「あなたの家族について私に話していただけませんか。― いいですよ」

(2) 「放課後，私たちと一緒に野球をしてくれませ
んか。— すみませんが，私は母を手伝わなけれ
ばなりません」

③ (1)よりも(2)のほうが丁寧な言い方。

26 Shall I 〜? / Shall we 〜?　本冊P.31

① (1)　Shall, I　　(2)　please
　 (3)　Shall, we　 (4)　let's, not
② (1)　let's　　　 (2)　thank, you
③ (1)　Shall we run in the park
　　　 tomorrow morning?
　 (2)　Where shall I wait for you?
④ (1)　Shall I show my notebook to you?
　 (2)　Shall we listen to music
　　　 (together)?

解説 ･･･

① (1)(2)　Shall I 〜?「〜しましょうか」に対し
ては，Yes, please.「はい，お願いします」か，
No, thank you.「いいえ，けっこうです」で
答える。
② (1)　「横浜に買い物に行きましょうか。
— はい，そうしましょう」　Shall we 〜? に対
しては，Yes, let's. か No, let's not. で答える。
(2)　「窓を開けましょうか。
— いいえ，けっこうです」
③ (2)　疑問詞 where で始める。where のあとに
は shall I 〜? と疑問文の語順が続く。
④ (1)　「あなたに私のノートを見せましょうか」
(2)　「(一緒に)音楽を聞きましょうか」

27 There is 〜.の肯定文①　本冊P.32

① (1)　is　(2)　are　(3)　is　(4)　are
② (1)　There, is　 (2)　There, were
③ (1)　ドアのそばにかさが１本あります。

(2)　壁のうしろに数人の男性がいます。
④ (1)　There were a lot of people in
　　　 the park.
　 (2)　There is a library near my
　　　 house.

解説 ･･･

① 〈There is＋名詞の単数形 〜.〉あるいは
〈There are＋名詞の複数形 〜.〉で表す。ふつ
う，〈前置詞＋場所を表す語句〉が続く。
② (2)　過去の文。be 動詞の過去形を使う。

28 There is 〜.の肯定文②　本冊P.33

① (1)　There are [There're]
　 (2)　There is [There's]
　 (3)　There were, around my desk
　 (4)　There was, in front of my
　　　 house
② (1)　There are [There're] some
　　　 girls at the shop.
　 (2)　There were two parks near my
　　　 house ten years ago.
③ (1)　There are [There're] some
　　　 books on the desk.
　 (2)　There is [There's] a cat under
　　　 the chair.

解説 ･･･

② (1)　「店には数人の少女がいます」
(2)　「10年前，私の家の近くに公園が２つありま
した」　過去の文にする。
③ on「〜の上に」，under「〜の下に」などの
前置詞の意味に注意。

㉙ There is ～.の疑問文　本冊P.34

1 (1) Is, there, on　(2) Are, there

2 (1) Is, there　(2) How, there

3 (1) Is, there
(2) Were, there, weren't

4 (1) Is there an ant on the bed?
(2) Are there any pencils in your bag?

5 (1) Are there any pandas in this zoo?
(2) Was there a post office near your house?

解説 ..(ᐢ•ᴗ•ᐢ)

1 There is[are] ～.の疑問文は，be動詞をthereの前に置く。

2 (1) 「店の前に古い車が1台ありますか」
(2) 「壁(かべ)に何枚の絵がありますか」 数をたずねる文。〈How many＋名詞の複数形〉のあとにare there ～?と疑問文を続ける。

3 (1) 「あなたの机の上にコンピュータが1台ありますか。— はい，あります」
(2) 「2時間前，公園には何匹(なんびき)かのイヌがいましたか。— いいえ，いませんでした」
two hours agoから過去の文と判断する。

㉚ There is ～.の否定文　本冊P.35

1 (1) is, not　(2) There, are, in

2 (1) aren't, any / are, no
(2) is, not

3 (1) 通りには人が1人もいません。
(2) この村には公園は1つもありません。

4 (1) There aren't any flowers in this garden.

(2) There are no trees behind that building.

5 (1) There is not[There's not / There isn't] a clock in my room.
(2) There are not[There're not / There aren't] any bookstores in this town.
/ There are[There're] no bookstores in this town.

解説 ..(ᐢ•ᴗ•ᐢ)

1 (2) no carsとあるので，There areを使う。

3 not any ～やno ～は「～が1つも[少しも]ない」。

㉛ and, but　本冊P.36

1 (1) and　(2) but

2 (1) エ　(2) イ　(3) ア　(4) ウ

3 (1) Leave home now, and you will catch the bus.
(2) He said something, but I couldn't hear him well.

4 (1) and have some Japanese food
(2) but it is too expensive

解説 ..(ᐢ•ᴗ•ᐢ)

1 (1) 「ジョンとトムも今夜，パーティーに来るでしょう」
(2) 「買い物に行きましょう。— すみませんが，私は行けません」

2 (1) 「私はメアリーの家へ行きましたが，彼女(かのじょ)は家にいませんでした」
(2) 「一生懸命(けんめい)に練習しなさい，そうすればあなたは上手な選手になるでしょう」
(3) 「あれはネコではなく，小さいイヌです」
(4) 「私は7時に起きて，8時に朝食を食べました」

32 or, so

1 (1) so   (2) or

2 (1) イ   (2) ア   (3) エ
    (4) ウ

3 (1) Do your homework, or you must not go out.
    (2) Nancy is very kind, so everyone likes her.

4 (1) Which does he want, a watch or a bag?
    (2) I was hungry, so I ate some sandwiches.

解説

1 (1) 「私はとても疲れていたので, 早く寝ました」
(2) 「あなたはお茶かコーヒーのどちらが好きですか」
2 (1) 「一生懸命に勉強しなさい, さもないと試験に合格しませんよ」
(2) 「私は今日とても忙しいので, 手伝ってください」
(3) 「試合の間は暑くなるでしょうから, あなたは水を持って来るべきです」
(4) 「食べすぎてはいけません, さもないと具合が悪くなりますよ」
3 (1) 〈命令文, or ～.〉で「…しなさい, さもないと～」。
4 (1) 〈Which do[does]＋主語＋動詞, A or B ?〉は「AとBのどちらが～ですか」。

33 if

1 (1) if, are   (2) if, it's
2 (1) If it is[it's] cold tomorrow, I'll stay home all day.
/ I'll stay home all day if it is[it's] cold tomorrow.

(2) If you have time, can you help me? / Can you help me if you have time?

3 (1) if you like baseball
    (2) If you want a new guitar

4 (1) If you are[you're] busy tomorrow, shall I help you?
/ Shall I help you if you are[you're] busy tomorrow?

(2) If you want to be[become] an English teacher, study hard.
/ Study hard if you want to be [become] an English teacher.

解説

1 (2) 未来のことでも, if ～の節では現在形で表す。
2 if ～が文の前半にくると, if ～のあとにコンマが必要。

34 when

1 (1) when, was   (2) When, went
2 (1) When I visited Yumi, she was out. / Yumi was out when I visited her.
(2) When my father left home, I was calling John.
/ I was calling John when my father left home.

3 (1) When I got up
    (2) When my mother makes dinner

4 (1) When I was walking in the park, I saw[met] your brother.
/ I saw[met] your brother when I was walking in the park.

11

(2) When you study English, use this dictionary.
/ Use this dictionary when you study English.

解説

1 when ～は文の前半, 後半どちらにも置くことができ, when ～が文の前半にくると, when ～のあとにコンマが必要。

2 (1)「私がユミを訪ねたとき, 彼女は外出していました」

(2)「私の父が家を出たとき, 私はジョンに電話をしていました」

4 (2) 未来のことでも, when ～の節では現在形で表す。

---

35 while, until　　本冊P.40

1 (1) while　　(2) until
2 (1) ウ　(2) イ　(3) エ
　(4) ア
3 (1) until he got to the station
　(2) while I am washing the dishes
4 (1) What did you do while you were[stayed] in Tokyo?
　(2) Let's wait here until your brother comes.

解説

1 whileは「～する間に」, untilは「～するまで(ずっと)」。

(1)「私が外出している間, 私の姉[妹]が私のネコの世話をしてくれました」

(2)「雪が止むまで, あなたは家にいなければなりません」

2 (1)「私の父は, 私が眠っている間に帰宅しました」

---

(2)「その男の子たちは暗くなるまでサッカーをするでしょう」

(3)「私たちは18歳になるまで, 車を運転することができません」

(4)「私は北海道に滞在している間に, 私のおばを訪ねるつもりです」

4 (2) 未来のことでも, until ～の節では現在形で表す。

---

36 before, after　　本冊P.41

1 (1) before　　(2) after
2 (1) イ　(2) エ　(3) ウ
　(4) ア
3 (1) before Mr. Sato comes back
　(2) after you get home
4 (1) Close the window(s) before you go out.
　(2) We had[ate] dinner after we saw[watched] the movie.

解説

1 before「～の前に」, after「～のあとで」は接続詞として, あとに〈主語＋動詞〉を続けることができる。

2 (1)「私たちは電車が来る前に駅に着かなければなりません」

(2)「私は私の兄[弟]が使ったあとでそのコンピュータを使うつもりです」

(3)「私はアメリカへ行く前に何をするべきですか」

(4)「私がホールに着いた直後にコンサートが始まりました」

3 未来のことでも, before ～やafter ～の節では現在形で表す。

37 because 本冊P.42

1 (1) because, was
  (2) because, helped

2 (1) Because it was hot yesterday, we swam in the sea. / We swam in the sea because it was hot yesterday.
  (2) Because Mr. Jones doesn't have a car, he comes to school by bus. / Mr. Jones comes to school by bus because he doesn't have a car.

3 (1) 私はコアラが好きなので，オーストラリアを訪れたいです。
  (2) 私は今朝遅く起きたので，朝食を食べませんでした。

4 (1) because I didn't have lunch
  (2) because they want to win games

5 (1) Because I was tired last night, I didn't take a bath. / I didn't take a bath because I was tired last night.
  (2) Because it was sunny, we climbed the mountain. / We climbed the mountain because it was sunny.

解説

1 〈because＋主語＋動詞 ～〉で「～なので」。
2 because ～の位置によって２通りの英文を作ることができる。
(1) 「昨日は暑かったので，私たちは海で泳ぎました」
(2) 「ジョーンズ先生は車を持っていないので，バスで学校に来ます」
3 (2) because ～が文の前半にくると，because ～のあとにコンマが必要。

38 that 本冊P.43

1 (1) that, can, speak
  (2) that, he, is

2 (1) Do you think that she is good at making cakes?
  (2) We hope that Ken will get well soon.

3 (1) 私は，ケイトがコンピュータを上手に使えると思います。
  (2) 私は，その問題は難しいと思います。

4 (1) think he is Ken
  (2) Do you think that

5 (1) Jim often says (that) he wants to have dogs[a dog].
  (2) I think (that) Tom's father is in front of the station.

解説

1 (2) be sure (that) ～は「きっと～だと思う」。
2 (1) 「あなたは，彼女がケーキを作るのが得意だと思いますか」
(2) 「私たちは，ケンがすぐに良くなることを願っています」
4 (1) 接続詞 that は省略できる。

39 不定詞の名詞的用法 本冊P.44

1 (1) buy   (2) to rain
2 (1) to, sleep   (2) To, write, is
3 (1) Does he like to see
  (2) To go abroad is our
4 (1) To study Japanese history is interesting for me.
  (2) What does Cathy want to make?
5 (1) (例) I want to go shopping.

13

(2) （例）My dream is to be
[become] a guitarist.

解説

1 〈to＋動詞の原形〉で「～すること」という意味を表し，名詞と同じ働きをする。
(1) 「彼女(かのじょ)は新しい自転車を買いたいです」 toのあとの動詞は原形。
(2) 「雨が降り始めました」

2 (2) 主語のTo ～は三人称単数扱(にんしょうたんすうあつか)いなので，be動詞はis。

3 (2) To ～を主語にする。

4 (1) 「日本史を勉強することは私にとっておもしろいです」
(2) 「キャシーは何を作りたいと思っていますか」「何を」はwhatでたずねる。

5 (2) 「～すること」にto ～を使う。

�40 不定詞の副詞的用法 　本冊P.45

1 (1) to know 　(2) to win
2 (1) to, buy 　(2) to, read
3 (1) He'll stay home today to do his homework.
　(2) I went to Tokyo to meet my uncle.
4 (1) Let's go to the gym to play basketball.
　(2) We climbed that mountain to take pictures[a picture].

解説

1 (1) 驚(おどろ)いた原因がto ～に示されている。
2 (2) sadの原因がto ～に示されている。
3 (1) 「彼(かれ)は今日，宿題をするために家にいるでしょう」 todayは文末でもよい。
(2) 「私はおじに会うために東京に行きました」

---

④41 不定詞の形容詞的用法 　本冊P.46

1 (1) to buy 　(2) to send
2 (1) to, talk[speak]
　(2) things, to, finish
3 (1) He had some homework to do
　(2) My brother bought something cold to drink.
4 (1) I bought some flowers to give (to) my mother.
　(2) She wants something hot to eat.

解説

1 to ～が前の名詞を説明している。
3 (2) 〈something ＋形容詞＋ to ～〉の語順。

---

④42 want[tell / ask]＋人＋to ～ 　本冊P.47

1 (1) him 　(2) to help
2 (1) him, to 　(2) would, to
3 (1) to, carry 　(2) to, take
4 (1) I told my sister to do her homework
　(2) I asked Ken to show some pictures
5 (1) My sister asked me to wash the dishes after dinner.
　(2) I want them to win the game.

解説

1 (1) 「私は彼(かれ)にピアノをひいてほしいです」
(2) 「私の父は私に母を手伝うように言いました」
2 (2) 〈would like＋人＋to ～〉は〈want＋人＋to ～〉よりもていねいな言い方。

3 (1) 「ジーンは私にその机を運ぶように頼みました」

(2) 「ジョンのお母さんは彼に 11 時のバスに乗るように言いました」

5 (1) 〈ask＋人＋to ～〉は「人に～するように頼む」。

(2) 〈want＋人＋to ～〉は「人に～してほしい」。

---

43 **It is ... (for＋人) to ～.** 本冊P.48

1 (1) to study　　(2) for

2 (1) It, to　　(2) It, of, to

3 (1) It is difficult for me to finish the work

(2) It is necessary for you to study hard.

4 (1) It, for, to　　(2) It, for, to

5 (1) It is not [It's not / It isn't] easy for me to be [become] a teacher.

(2) It is [It's] good to walk in the park every day.

解説 ･･

1 (1) 「英語を勉強することはおもしろいです」

(2) 「私にとっておどることは難しいです」

2 (2) 不定詞の意味上の主語はふつうfor ～で表すが，その前の形容詞がkindのように人の性質を表す場合は，of ～で表す。

4 (1) 「トムにとってインターネットを見て回ることはとてもおもしろいです」

(2) 「ベスにとってギターをひくことは不可能です」

---

44 **疑問詞＋to ～ ①** 本冊P.49

1 (1) what　　(2) where

2 (1) what, to　　(2) which, to

(3) what, to　　(4) where, to

3 (1) They don't know what to study.

(2) tell me where to wait for you

4 (1) Do you know where to go next Sunday?

(2) I'm not sure when to go to school.

解説 ･･

1 (1) 「私はパーティーに何を持ってきたらよいかわかりません」

(2) 「あなたはどこでサッカーを練習したらよいかトムに言いましたか」 疑問文でも〈疑問詞＋to〉以下の語順はかわらない。

2 (3) 「何時に～したらよいか」はwhat time to ～ で表す。

---

45 **疑問詞＋to ～ ②** 本冊P.50

1 (1) when　　(2) how

2 (1) how, to

(2) which, to

3 (1) Do you want to know how to take

(2) I know when to help my mother.

4 (1) あなたは英語での手紙の書き方を知っていますか。

(2) ジムはいつお父さんの車を洗えばよいか知りたがっています。

5 (1) Do you know which chair(s) to carry?

(2) Please tell [show] me how to get [go] to your school.

1 (1) 「私はいつ家を出ればよいか知っています」
(2) 「市役所への行き方を私に教えてくれますか」
2 (1) 「方法」を表すときは how to ～。
(2) 「どの…を～したらよいか」は which ... to ～。
5 (1) 「どのいすを運べばよいか」は which chair(s) to carry.

46 動名詞　　本冊P.51

1 (1) playing　　(2) Studying
2 (1) is, climbing　　(2) raining
3 (1) Jean doesn't like washing the dishes.
(2) Cleaning the kitchen is my work. / My work is cleaning the kitchen.
4 (1) Stop watching TV.
(2) Swimming well is difficult for me.

1 (1) 「私はピアノをひくのが好きです」
(2) 「英語を勉強するのは私にとっておもしろいです」 動名詞が主語になっている。
4 (2) 意味上の主語は for で表す。

47 動名詞と不定詞①　　本冊P.52

1 (1) to visit　　(2) to be
(3) seeing　　(4) practicing
2 (1) for, helping
(2) to, learn[study]
3 (1) Cleaning　　(2) to, play
4 (1) 私の祖母は通りをゆっくり歩くのが好きです。
(2) キャンプに行くのはどうですか。

1 動詞によって，目的語に不定詞をとるもの，動名詞をとるものがある。
2 (1) 前置詞のあとは動名詞を置く。
3 (1) 不定詞も動名詞も，主語や補語になる。
(2) 不定詞と動名詞の両方を目的語にとれる動詞は，like，begin，start など。

48 動名詞と不定詞②　　本冊P.53

1 (1) to buy　　(2) using
2 (1) 音楽を聞くのをやめました
(2) 難しい問題を解こうとしました
3 (1) My father is good at taking care of babies.
(2) To speak English isn't easy for me.
4 (1) My dream is to swim [swimming] in Australia.
(2) Do you like to play [playing] video games?

1 (2) stop ～ing は「～するのをやめる」。
4 それぞれ，不定詞と動名詞のどちらも用いることができる。

49 比較級：-er　　本冊P.54

1 (1) earlier　　(2) hotter
2 (1) later, than
(2) newer, than
3 (1) He can run faster than Yumi.
(2) My bike is older than hers.
4 (1) Her shirt is prettier than yours.
(2) is shorter than this one

5 (1) Is her bag nicer than mine?

(2) Mt. Fuji is higher than Mt. Asama.

解説 ..(🐑)

1 (1) 「私は母よりも早く起きました」

(2) 「今日は昨日よりも暑いです」

hotの比較級はtを重ねてerをつける。

3 (2) hersは「彼女のもの」。

4 (1) prettyの比較級はyをiにかえてerをつける。

(2) 「あの鉛筆はこれ[この鉛筆]よりも短いです」

5 (1) 疑問文でも,〈比較級＋than 〜〉の部分はかわらない。

50 比較級：more　　本冊P.55

1 (1) more useful

(2) more slowly

2 (1) This flower is more beautiful than that one.

(2) Drive more carefully than Tom.

3 (1) Her picture is more famous than his (picture).

(2) Math is more difficult than science for Yumi.

4 (1) Math is more interesting than English for me.

(2) Is this novel more famous than mine?

解説 ..(🐑)

1 (1) 「この辞書は彼のよりも役に立ちます」

(2) 「キャシーはケンよりもゆっくり歩きました」

3 (1) 「彼女の絵は彼のものよりも有名です」

(2) 「ユミにとって,数学は理科よりも難しいです」

51 最上級：-est　　本冊P.56

1 (1) oldest　(2) latest

2 (1) oldest, of　(2) newest, of

3 (1) The Shinano River is the longest in Japan.

(2) I leave home the earliest in my family.

4 (1) This book is the heaviest of the three (books).

(2) Mt. Fuji is the highest (mountain) in Japan.

5 (1) This tower is the tallest [highest] in the world.

(2) She was the kindest of the four.

解説 ..(🐑)

4 (1) 「この本は3冊の(本の)中でいちばん重いです」

(2) 「富士山は日本でいちばん高い(山)です」

〈〜 than any other＋名詞の単数形〉は「ほかのどんな…より〜」。

52 最上級：most　　本冊P.57

1 (1) most important

(2) most exciting

2 (1) most, carefully

(2) most, expensive

3 (1) this is the most delicious food in the world

(2) Is Chinese the most difficult of all the languages?

4 (1) Is she the most popular writer in Australia?

(2) Your racket is the most expensive of the ten (rackets).

解説

1 (1) 「この問題はすべての中でいちばん重要です」

(2) 「バレーボールはすべてのスポーツの中でいちばんわくわくします」

2 (1) 「注意深く」はcarefully。

53 better, best　本冊P.58

1 (1) best　(2) better

2 (1) better, than　(2) best, singers

3 (1) This guitar is better than mine.

(2) My father likes fall the best of all seasons.

4 (1) I like cats better than dogs.

(2) This movie was the best of the three (movies).

5 (1) Is his bag better than yours?

(2) You played the flute the best.

解説

1 (1) 「ケンは彼のクラスでいちばん上手に英語を話します」

(2) 「彼の計画はあなたのよりもよいです」

2 (1) 「…よりも～のほうが好きだ」は like ～ better than …。

3 (2) 「～がいちばん好きだ」は like ～ the best。

5 (2) 「～をいちばん上手にふく[演奏する]」は〈play ＋ the ＋楽器名＋ the best〉。

54 as ～ as …　本冊P.59

1 (1) good, as　(2) as, as

2 (1) bigger, than　(2) as, well

3 (1) I got up as early as my mother.

(2) My computer isn't as heavy as Nancy's.

4 (1) This map is as useful[helpful] as mine.

(2) My camera is not[isn't] as expensive as his.

解説

2 (1) 「あなたのかばんは私のよりも大きいです」

(2) 「ジムは私の兄[弟]ほどテニスが上手ではありません」

55 疑問詞と比較級, 最上級①　本冊P.60

1 (1) Which　(2) Who

2 (1) studies, harder

(2) What, most　(3) What, best

(4) Which, higher

3 (1) あなたのお父さんは, 走ることと歩くことではどちらのほうが好きですか。

(2) あなたのクラブでは, だれがいちばん上手にバイオリンをひけますか。

4 (1) Who is the most popular player

(2) Which is heavier, this box or that one?

解説

1 (1) 「この本とあれ[あの本]では, どちらのほうが簡単でしたか」

(2) 「若者たちの間では, だれがいちばん有名な歌手ですか」

56 疑問詞と比較級，最上級② 本冊P.61

1 (1) younger, or, than

(2) Which, more, or

2 (1) What is [What's / Which is] the most interesting subject

(2) Who is [Who's] the most popular writer

3 (1) Which does Emily like better, tennis or basketball [basketball or tennis]?

(2) Who came to school the earliest yesterday?

4 (1) Which season do you like the best?

(2) Who is [Who's] the tallest in your class?

解説 ..(･.･)ﾜ

1 (1) 「ブラウンさんとあなたのお父さんでは，どちらのほうが若いですか。
— ブラウンさんのほうが私の父より若いです」

(2) 「この本とあれ [あの本] では，どちらのほうが役に立ちましたか。— あれ [あの本] でした」

3 (1) 「エミリーは，テニスとバスケットボールでは [バスケットボールとテニスでは] どちらのほうが好きですか」

(2) 「昨日，だれがいちばん早く学校に来ましたか」

2 (4) 「(2 つのもののうち) どちら」とたずねるときは Which を使う。

57 受け身の肯定文① 本冊P.62

1 (1) studied (2) sent

(3) made (4) spoken

2 (1) is, known (2) were, carried

3 (1) この図書館は 12 月 28 日から 1 月 5 日まで閉められます。

(2) これらの本は多くの子どもたちの間で読まれています。

4 (1) This song is loved

(2) These cars were made in Japan.

解説 ..(･.･)ﾜ

3 (1) from ～ to ... で「～から…まで」。

(2) 動詞 read の過去分詞は read。発音はレッドとなるので注意。

4 (2) 過去の受け身の文では be 動詞を過去形にする。主語が複数なので were。

58 受け身の肯定文② 本冊P.63

1 (1) used (2) taken

(3) closed (4) sold

2 (1) is played (2) were found

3 (1) English and French are taught here.

(2) A lot of stars were seen in the sky last night.

4 (1) This desk was made in Fukuoka.

(2) The window was broken last week.

解説 ..(･.･)ﾜ

1 (1) 「英語はたくさんの国で使われています」

(2) 「何枚かの写真が神戸でとられました」

(3) 「この窓は夜に閉められます」

(4) 「この本はあの店で売られていました」

2 (2) find「見つける」の過去分詞はfound。

3 (1) 「ここでは英語とフランス語が教えられています」

(2) 「昨夜，空にたくさんの星が見られました」

---

59 byのある文① 本冊P.64

1 (1) by (2) to

2 (1) is, by (2) by, her

(3) was, by (4) read, by

3 (1) This question was asked by her.

(2) This picture was painted by Tom

解説

1 「～によって」と行為をする人を表すときは〈by＋行為者〉。

(1) 「教室は放課後，数人の生徒に掃除されます」

(2) 「これらの映画は多くの人に知られています」be known to ～ で「～に知られている」。

2 (2) byのあとが代名詞のときは目的格「～を[に]」の形にする。

---

60 byのある文② 本冊P.65

1 (1) were sent by her

(2) is taught by Mr. Brown

2 (1) was, by (2) known, to

3 (1) This bag was made by my mother last Sunday.

(2) The musician is loved by young people.

4 (1) The kitchen is usually cleaned by me.

(2) This library is opened at nine fifteen.

解説

2 (1) 「私のかさは車の中でボブによって見つけられました」

(2) 「その歌はみんなに知られています」

---

61 受け身の疑問文 本冊P.66

1 (1) Is, opened (2) Where, made

2 (1) Was, read, it, was

(2) Are, spoken

3 (1) it, wasn't (2) Is, liked

4 (1) Were these dishes washed by Beth? — Yes, they were.

(2) Is the story known to many [a lot of] people?

— No, it is not [it's not / it isn't].

解説

2 (1) 過去の文はbe動詞を過去形にする。

3 (1) 「その家は３年前に建てられましたか。

— いいえ，建てられませんでした」

(2) 「サノ先生は生徒たちに好かれていますか。

— はい，好かれています。彼らは彼が大好きです」

4 主語，時制に合わせて，be動詞を使い分ける。

---

62 受け身の否定文 本冊P.67

1 (1) isn't, taught

(2) wasn't, cleaned

2 (1) weren't, written

(2) aren't, invited

3 (1) Those birds are not seen

(2) This picture wasn't liked by my brother.

4 (1) This table was not [wasn't] made by my uncle.

(2) He is not [He isn't / He's not] known to people in this town.

解説 🐶

① (2) 過去の文はbe動詞を過去形にする。

② (1) 「これらの手紙は2012年に書かれませんでした」

(2) 「私たちは彼女(かのじょ)の誕生日パーティーに招かれていません」

④ (2) be known to ～は「～に知られている」。

---

63 助動詞を使った受け身の文① 本冊P.68

① (1) must (2) will, be
   (3) Will, loved (4) can, read
② (1) be, it, won't [it'll, not]
   (2) it, can
③ (1) should be discussed
   (2) may be saved

解説 🐶

① 助動詞を使った受け身の文は〈助動詞＋be＋過去分詞 ～〉で表す。

② 助動詞のある受け身の疑問文は〈助動詞＋主語＋be＋過去分詞 ～?〉で表す。それに対しては，〈Yes, 主語＋助動詞.〉あるいは〈No, 主語＋助動詞＋not.〉で答える。

---

64 助動詞を使った受け身の文② 本冊P.69

① (1) should be sent
   (2) will be made [baked] by my mother
② (1) Your cat will be found.
   (2) English may not be spoken in her country.
③ (1) このドアは閉められなければなりません。

---

(2) その歌は若者たちに好かれるでしょうか。

④ (1) Breakfast should be eaten [had] every day.
   (2) This toy may be broken by Sam.

解説 🐶

① (2) willを使って未来の文にする。

② (1) 「あなたのネコは見つかるでしょう」

(2) 「彼女(かのじょ)の国では，英語は話されていないかもしれません」

④ (1) 「～するべきだ」はshould。

(2) 「～かもしれない」はmay。

---

65 「完了」の肯定文 本冊P.70

① (1) have, bought
   (2) has, walked
② (1) has, come (2) have, lost
③ (1) 私の父はちょうど窓を閉めたところです。
   (2) 私はすでにこの本を読んでしまいました。
④ (1) I have already seen the movie.
   (2) The class has just started.
⑤ (1) My uncle has gone to New York.
   (2) They have [They've] already left home.

解説 🐶

① (1) 「私はちょうどこの新しい辞書を買ったところです」

(2) 「彼女(かのじょ)はすでに10キロ歩きました」

④ alreadyやjustはふつう，過去分詞の前に置く。

5 (1) have [has] gone to ～は「～へ行ってしまった」, have [has] been to ～は「～へ行ったことがある」。

66 「完了」の疑問文 本冊P.71

1 (1) Has, taken, yet
 (2) Have, changed, yet
2 (1) Has, yet
 (2) Has, finished, yet
3 (1) Has he read the newspaper yet?
4 (1) Has, she
 (2) he, hasn't / not, yet
5 (1) Has John moved to a new house yet?
 (2) Have they heard (about) the news yet?

解説
1 (2) 「服を着がえる」はchange clothes。
2 (1) 「コンサートはもう始まりましたか」
(2) 「ケイトはもう宿題を終えましたか」
4 (1) 「あなたのお姉さん [妹さん] はもう学校に向かいましたか。— はい，向かいました」
(2) 「彼は自分の夢について，もうお父さんに話しましたか。— いいえ，まだです」
5 (1) 「～に引っ越す」はmove to ～。

67 「完了」の否定文 本冊P.72

1 (1) not, yet (2) hasn't, yet
2 (1) hasn't, bought
 (2) haven't, yet
3 (1) I haven't listened to this CD yet.
 (2) My father hasn't come home yet.

4 (1) Mary has not [hasn't] cleaned her room yet.
 (2) That boy has not [hasn't] stopped crying yet.

解説
1 (1) 「彼らはまだ着いていません」
(2) 「雪はまだ降り始めていません」
4 (2) 「泣きやむ」は動名詞を使って表す。

68 「経験」の肯定文 本冊P.73

1 (1) have, used
 (2) has, been
2 (1) have, swum
 (2) have, seen [met]
3 (1) She has heard this song before.
4 (1) 私は以前，おじに会うために京都を訪れたことがあります。
 (2) 彼らは何度も花火を見たことがあります。
5 (1) We have [We've] watched a basketball game.
 (2) My grandmother has been to France.

解説
1 (1) 「私は以前，ケイトのラケットを使ったことがあります」
(2) 「彼は2度横浜に行ったことがあります」
has gone toではないので注意。
4 (1) to see以下は不定詞の副詞的用法で，「～するために」の意味。
(2) fireworksは「花火」。
5 (1) a basketball gameはbasketball gamesとしてもよい。

69 「経験」の疑問文　本冊P.74

1 (1) Have, lived　(2) Has, ever

2 (1) Has, ever　(2) Have, ever

3 (1) Has she ever read the magazine?

4 (1) she, hasn't

(2) have, visited

5 (1) Has Yuka ever played the violin?

(2) Have you ever come to school by bus?

解説

2 (1) 「ジャックは今までにコバヤシさんに会ったことがありますか」

(2) 「ユミとアンは今までに小さなかばんを作ったことがありますか」

4 (1) 「グリーンさんは今までに物語を書いたことがありますか。— いいえ, ありません」

(2) 「あなたは今までにその博物館[美術館]を訪(おとず)れたことがありますか。— はい。私はそこを２度訪れたことがあります」

70 「経験」の否定文　本冊P.75

1 (1) never, bought　(2) have, been

2 (1) have, never　(2) never, had

3 (1) I've never written a letter to him.

(2) We have never swum in the lake.

4 (1) Kumi has never used this computer.

(2) My father has never come home before seven.

解説

1 (2) 「１度も〜に行ったことがない」は have[has] never been to 〜。

2 (1) 「私は１度も友達とダンスをして楽しんだことがありません」

(2) 「私たちは１度もイヌを飼ったことがありません」

71 「継続」の肯定文　本冊P.76

1 (1) has, been, for

(2) has, had, since

2 (1) waited, for

(2) have, known, since

3 (1) has been out for an hour

(2) I've used this pen for

4 (1) 私は約１か月間(ずっと)この本をほしいと思っています。

(2) キャシーは子どものときから(ずっと)ニューヨークにいます。

5 (1) They have[They've] had a [one] dog since 2018.

解説

1 (1) 「私の兄[弟]は１週間(ずっと)ひまです」

4 (2) since she was a child は「彼女(かのじょ)が子どものときから(ずっと)」。

「継続」の疑問文　本冊P.77

1 (1) Have, had　(2) Has, used
2 (1) Has, stayed　(2) How, long
3 (1) Have you been sick for a week?
　　(2) Has Ken wanted new shoes
　　　since last year?
4 (1) Have, for　(2) Since
5 (1) Has it rained[been rainy]
　　　since last night? — Yes, it has.

解説

1 (1) 「歯が痛い」は have a toothache。
2 (1) 「ササキさんは5日間(ずっと)札幌に滞在
　　しalmostていますか」
(2) 「トムはどのくらいの間(ずっと)忙しいです
　　か」
4 (1) 「あなたたちは2時間(ずっと)CDを聞い
　　ていますか。— いいえ, 聞いていません」
(2) 「どのくらいの間(ずっと)暖かいですか。
　　— この前の日曜日からです」
5 (1) 動詞 rain, あるいは形容詞 rainy を使っ
　　て表せる。

「継続」の否定文　本冊P.78

1 (1) hasn't, stayed　(2) not, played
2 (1) has, snowed
　　(2) hasn't, been[stayed]
3 (1) have not called him since last
　　　week
　　(2) hasn't talked with his brother
　　　for two weeks
4 (1) I have not[I've not / I haven't]
　　　practiced tennis for three months.
　　(2) My brother has not[hasn't]
　　　used his computer for two days.

解説

1 (1) 「リカは2日間(ずっと)東京に滞在してい
　　ません」
(2) 「私は6歳のときから(ずっと)ピアノをひいて
　　いません」
2 (1) 「雪が降る」は snow。

現在完了形のまとめ　本冊P.79

1 (1) Have, ever, played, I, have
　　(2) has, been, since
　　(3) How, long, waited, For
2 (1) have, just
　　(2) Has, had, yet
　　(3) have, never
3 (1) Where has Mr. Jones lived for
　　　five years?
　　(2) I've been to your country
　　　before.
4 (1) How long has your aunt stayed
　　　in this town?

解説

2 (1) 「私はちょうど宿題を終えたところです」
(2) 「ブラウンさんはもう昼食を食べましたか」
(3) 「私は1度も横浜に行ったことがありません」